RETAIL4.0

10 RULES FOR THE DIGITAL ERA

コトラーのリテール4.0

デジタルトランスフォーメーション時代の10の法則

フィリップ・コトラー
ジュゼッペ・スティリアーノ
恩藏直人＝監修
高沢亜砂代＝訳

朝日新聞出版

コトラーのリテール4.0
◉
目次

第3章 経営者の視点

コトラーのリテール4.0

RETAIL 4.0
by Philip Kotler, Giuseppe Stigliano

Japanese translation published by arrangement with
Mondadori under the imprint of Mondadori Electa
through The English Agency(Japan)Ltd.

— Book Design —
遠藤陽一（designworkshopjin;Inc.）

はじめに

デジタル革命は、小売業界の数十年にわたる前提を変えた。近年、世界中であまりにも多くの店舗がシャッターを下ろしており、〝黙示録〟と言い出した人までいる。ざっと見渡した限りでは、伝統的小売業者は危機的状況にあると言えそうだし、eコマース（EC）が日々成長していることからも、デジタル革命こそがリアル店舗衰退の主要因であると指摘したくなるかもしれない。

しかし、時を同じくして、アマゾンやアリババといった電子取引の巨人がリアル店舗の開設を決めている。直営で新しいフォーマット——アマゾン・ゴーなどを「不可視であれ」の法則で掘り下げる——を実験している場合もあれば、既存のチェーンを買収している場合もある。そしてグーグルが、近い将来、旗艦店開設を具体的に検討するようだ。スマートフォンのピクセル、仮想現実（VR）のデイドリーム用のヘッドセット、サーモスタットのネスト、バーチャル・アシスタントのグーグルホームを含め、同社が提供する最高のオファリングにスポットを当てる店舗である。そうなってくると、問題はより複雑だ。**リアル店舗の運営に関わる非効率性をもたないピュア・デジタル・プレーヤーが、どうして危機的状況とみなされている市場に参入し、〝ピュア〟であることを放棄し**

なくてはならないのか。

答えは、小売業界がどうしようもなく衰退しているとする説の脆弱《ぜいじゃく》さにある。現に、デジタルに優しい推計でも、小売市場におけるデジタル取引は全体の二〇パーセントに満たない。近年、オンライン購入が急激に伸びていることに疑いの余地はないが、黙示録を喚起してまで、物理的小売が死に瀕《ひん》していると宣告するのは、控えめに言っても性急だとわれわれは判断している。

むしろ、デジタル・ツールを使う人が増え続けていることで誘発された変化に照らし、他の業界同様、小売の伝統的モデルを見直す必要がある。消費者の購買プロセスは、従来、直線的に表されていた。ニーズの発生またはウォンツの表出がその後のプロセスを促す刺激であり、いわゆる**認知**（気付くまたは知る）が生まれ、それが**情動**（親しみまたは関心）と**検討**（考慮または欲求）に、その後、**購入**（購買行動）となる。さらに、うまくいけば再購入や肯定的なクチコミへと進む。しかし、デジタルの〝タッチポイント〟（ブランドと顧客との接点）の増殖に伴い、カスタマー・ジャーニーは決定的にその形を変えた。連続する段階ではなく、多くの瞬間が点在する網目のようになってきている。消費者のプロフィールはもちろん、財またはサービスの種類ごとに異なるが、さまざまな瞬間が概《おおむ》ね決定的に重要なものとなっている。

リテール機能のモデルを改めて読み解くには、デジタル革命によって生じた変化を考慮しなくてはならない。より細分化した購買プロセスのなかでリアル店舗が果たす役割を根本的に再定義し、

必要ならば店舗の存在意義に関しても再検討すべきである。かつての携帯電話とは異なるスマートフォンの特徴は、インターネットへの接続性である。ここ数十年で、世界で約三〇億人が生活のなかでスマートフォンを使うようになった。また、世界でこれとほぼ同じ人数が、少なくとも一つのソーシャル・ネットワークに登録している。この二点があいまって、われわれに色鮮やかな光景を見せてくれる。世界人口のほぼ半数がオンラインで、誰もがいつでもコンタクトできる状態にあるのだ。そして、人々は他人とも企業ともリアルタイムで交流できる。コンタクト性とリアルタイム性という二つの要素だけで、ゲームのルールを書き換えるに十分である。

数年前まで、企業と対話をする方法は、手紙を書くか顧客サービスに電話するかに限られていた。だが、現在は対話がリアルタイムで起こる。しかも、他のユーザー、競合、メディア、各種公的機関が、事実上、発言権をもつオーディエンスとして対話が発生する。市場は横に広がり、包括的でソーシャルになっている。情報は驚異的なスピードで駆け巡り、少し前まではマーケティング・キャンペーンの〝受け手〟と定義されていた人々が、現在はキャンペーンの共同企画者となっている。それだけではない。購入者が簡単に自分の意見を表明できるので、製品・サービス自体が共同でつくられ、共同で具現化され、共同でデザインされているケースが多々ある。

こうした進化は、企業とブランドに新しい責務を課す。常に期待に合致した製品を提供するために、バリュー・チェーンの全関係者を尊重する態度をとる、環境と人々に調和する行動をとる、全タッチポイントで関与型のコミュニケーションをとる、対話ができる（したがって傾聴できる）、プライバシーを侵害することなく顧客リレーションシップをパーソナライズする、ロイヤルティ（忠誠心）を示す人を価値化する、ブランドや製品についてコメントを書き推奨してくれる人の行為、すなわちアドボカシーを促進しアドボカシーに報いる、といったことが不可欠になったのだ。デジタル以前の時代の特徴であった〝モノローグ〟と現在のモデルの間に、計り知れない距離があるのは明らかであり、伝統的な能力とツールを補完する新しい能力とツールで、以前とは異なるアプローチをとる必要がある。

マーケターは、いわゆるデジタルトランスフォーメーションの影響を十分に理解し、それを基に自社にとっての影響と機会を特定して、デジタルトランスフォーメーションの力学を掌握《しょうあく》しなければならない。ここで言うデジタルトランスフォーメーションとは、デジタル技術の出現と普及から始まったプロセスを指しており、これを要因として、企業は組織面と事業面の両方でパフォーマンスを向上させることを目的に、事業プロセス、ツール、ビジネスモデル、デジタルとアナログを融合する革新的な製品・サービスを作り上げ、需要と市場の変化に適応することになる。

この視野に立つとデジタルは電気のようなものだ。目に見えない〝インフラ〟として、製品・サービス・経験に活力を与えることができる。活力を得た製品とサービスと経験は、既存のものと補完し合うこともあれば、既存のものと置き換えられることもある。そう考えれば、われわれは、現在進行中のトランスフォーメーションを正しく、しかも有利に解釈しやすくなる。また、デジタルを〝革新的なツール〟というカテゴリーに囲ったり、手段と目的を混同したりするリスクを避けられるのではないだろうか。

消費者は、対話の相手という役割を獲得した。消費者が企業の事業に影響を及ぼすパワーを得たことで、企業はカスタマー・ジャーニーにおける各タッチポイントの機能を見直さざるを得なくなっている。この力学のなかで、リテールには本質的な重要性がある。リテールは、あらゆる企業努力が具現化する段階であり、おそらくは顧客／消費者のニーズとウォンツが満たされる段階である。重要なのは、売買の発生を確認できるのが、もはやリアル店舗内だけではないということだ。それどころか、とくにいくつかの製品・サービスのカテゴリーでは、デジタル・プラットフォームでの売買の発生頻度が高まり、リアル店舗は別の機能を負うようになっている。場合によってはショールームのように、経験を提供したり、製品を展示・プロモーションしたり、ショーのように見せたりする場所となっている。

以上のことから、本書の目的は、専門職・コンサルタント・企業家・学生に、デジタルトランスフォーメーションがリテールに与えるインパクトを具体的に理解・管理するための考え方を提供することとした。われわれは皆、影響力の大きい顕著な不連続性の前に立たされている。このパラダイム・チェンジを、われわれは**「リテール4・0」**と呼ぶことにした。これまでに定義されている三段階の進化版であり、ある意味では超越すると想定しているからだ。

「**リテール1・0**」は、通常、いわゆるセルフサービス式店舗の誕生とともに始まったとされる。伝統的な店舗では、とりわけ人的要素を原動力とし、経営者または運営者が専門性をもって顧客対応していたのに比べると、大きな革新だった。セルフサービス式を開始したのは、ピギー・ウィグリーであるとされ、最初の店舗が一九一六年、米テネシー州のメンフィスに開店している。しかし実際には、進化の起源は百貨店に見いだすほうが適切だろう。その場合、元となるのは俗に言うパ・サージュ、商店の並ぶアーケード街で、一八〇〇年代にヨーロッパ中に広まった。

初期の百貨店またはデパートメント・ストアは、ロンドン（一八四九年にハロッズ、一八七五年にリバティ）、パリ（一八五二年にル・ボン・マルシェ）、ニューヨーク（一八五七年にメイシーズ、一八六一年にブルーミングデールズ、一八七九年にウールワース）、モスクワ（一八九三年にグム）で生まれた。イタリアでは、一八七七年にルイジ・ボッコーニとフェルディナンド・ボッコーニ兄弟がオー・ヴィル・ディタリーの名でミラノに開店させた店舗が、一九二一年にラ・リナシェンテとしてオープンする。セルフサービス式とは、定価表示、パッケージされた製品が並ぶ陳列棚、制服を着た従業員といった特徴とともに、その名のとおり購買経験における仲介排除を意味していた。売り手と買い手の社会的リレーションシップの終焉《しゅうえん》であるが、それはパッケージングとブランディングの始まりでもあった。売り手の語る能力を初めて除外し、いかに購買者の選好を方向付けるか

デジタルは電気のようなものだ。

目に見えない〝インフラ〟として、

製品・サービス・経験に活力を与えることができる。

活力を得た製品とサービスと経験は、

既存のものと補完し合うこともあれば、

既存のものと置き換えられることもある。

という研究が、基本的な課題となったのである。

他にもこの段階における主要な特徴がある。豊富な品ぞろえという印象を買い手に与えることを目的とした膨大《ぼうだい》な量の製品展示、〝規模の経済〟の獲得を目標とした売り上げ最大化原則の慣例化、その結果として他社よりも競争力のある価格政策の採用である。また、顧客にとっては、購買の義務が一切なく、興味だけで自由に入店する可能性、満足できなければ製品を返品または交換する可能性が生まれた。

一方**「リテール2・0」**は、エブリシング・アンダー・ワン・ルーフ（すべて一つ屋根の下）という概念の登場によるもので、具体的には初期のショッピング・センターの誕生である。この先駆的なモデルは、一九〇〇年代初頭にアメリカで生まれたが、その繁栄を見るには一九五〇年代まで待たなくてはならない。家庭用冷蔵庫の成長——大量の食材の保存を容易にし、低頻度で定期的な購買に集中させられる——と、大量の製品を運べる自家用車の普及が繁栄の要因である。一九五〇年、シアトルにノースゲートが、続いて一九五四年、デトロイト近郊にノースランド・センターがオープンした。通常、これら二つのショッピング・センターが、都市型マーケットの伝統的モデルと大型ショッピング・アンド・レジャー・センターのモデルを合体させる革新的なフォーマットの誕生とされている。

一九六〇年代になると、世界中でショッピング・センターが普及する。そして、数々のエンターテインメント活動を充実させるようになる。目的は、食品調達の域を超えて、そこに足を運ぶ新たな動機を大衆に提供することであり、また、平均合計滞在時間の延長でもあった。

この段階におけるショッピング・センターの主な特徴として、一般的に店舗が軒を連ねる構造であり、カフェやレストランを含むさまざまな種類の店舗や核となる大型店も構成要素となっている。また、定められた入口と出口、レジのライン、ショッピング・カート等々があり、行程は概ね規定されていた。購買行動は非パーソナライズされていて、購買にまつわる活動の最大限が顧客に移管されていた。より進化したケースでは、ボウリングやゲームセンター、映画館といったアトラクションも存在した。当時は、こうした場が地域のコミュニティにとって人が集まる中核施設だった。今もそうあり続けているところもある。さまざまな活動の集合体が一つの建物内にできたので、ショッピング・アンド・レジャー・センターと呼ばれるようになった。財とサービスの購買の場であるが、必ずしも買い物やエンターテインメント活動をする必要に縛られずに、家族で時を過ごしたり、友達と会ったりする場にもなる。イタリアにおける初期の事例は、ベローナ近郊のラ・グランデ・メーラとフィレンツェ近郊のイ・ジッリである。

「リテール3・0」は、一九九〇年代半ばから漸次《ぜんじ》進行した世界規模でのインターネット普及と電子取引の到来に特徴付けられる。ジェフ・ベゾスがアマゾンを設立したのは一九九四年のことである。自身の会社を、流域面積が世界最大のアマゾン川から名をとって世界最大の書店に育て上げるという野心を抱いていた。当初からベゾスは二つのイノベーションを提示しており、それが後にこのポータルサイトの進化と成功の特色となって、競合であるリアル店舗（伝統的な書店）との違いを生むことになる。

アマゾンはまず、全ユーザーが自分のレビューを書き込める仕組みを導入した。他の読者／消費者の意見が購買決定に及ぼす影響を理解していたのだ（赤の他人に助言を求めることは、今でこそすっかり普通になっているが、当時はまったくそうではなかった）。さらに、今ではお馴染《なじ》みのレコメンデーション・エンジンの開発を始めた。ユーザーが評価するであろう一連の製品を提案するための精巧な技術である。提案される製品の選択は、多数の要因を考慮した複雑なアルゴリズムをベースにしている。ユーザーの選好をベースとしつつ、使用頻度の高いコンカチネーション（連鎖）を特定するため、他の数百万人のユーザーの選好を参照しているのである。

アマゾンは最初のeコマースサイトではないが、初期の時代における最も意味深いサイトであることは確かだ。そして、アメリカではイーベイ（一九九五年）、ザッポス（一九九九年）、インドではインディアマート（一九九六年）、韓国ではイーシープラザ（一九九六年）、中国ではアリババ（一九九九年）、スウェーデンではトラデーラ（一九九九年）といったさまざまな国際的プレーヤーが、急速にアマゾンと肩を並べることになる。

「リテール4・0」は、近年のデジタル技術の加速に特徴付けられている。この後、一〇のルール、ガイドとなる一〇の法則を提案する。われわれは、これが小売ビジネスで働くあらゆる人にとって最優先事項であると考えている。

まず先に、リテールの概念に関するわれわれの解釈を説明しておく。文字どおり〝小売販売〟として受け入れつつ、**本書において「リテーラー」とは、潜在顧客／最終消費者と商業上の関係――直接的または間接的に――を有するすべての人、と定義する。**その関係および関係に伴う取引がオンラインで発生しようと〝オンランド〟で発生しようと、まったく問題ではない。われわれが策定・提案するデジタル時代のための一〇の法則が、顧客・消費者と接するあらゆるケースで企業にとって有意義であること、これが出発点となっている。

もしかすると、本書はB2C（企業対消費者）ビジネスに従事する人だけを対象としていると思う人がいるかもしれない。だが、そうではない。現に、知られた話ではあるが、デジタルトランスフォーメーションに起因する主要な二つの現象は、**民主化**（コスト低下と技術使用の簡易化によって、広範な層の人々がコンテンツ、情報、財・サービスにアクセスでき、それらの生成までできるようになっていること）と**中抜き現象**（流通チェーンにおける伝統的仲介を迂回《うかい》し、コンテンツや製品が見込み購入者に直接到達すること）である。加えて、ソーシャル・メディアを通じて消費者と対話の機会を設けたり、オンライン取引を完結させたりすることができる。

以上のような特徴によって、B2B（企業対企業）とB2C（企業対消費者）の区別などは、むしろ古くなっている。伝統的にB2Bとして区分されていた多くの事業者が、最終顧客とコンタクトできるからである。製品またはサービスの性質ゆえ、今も第三者（たとえば大型のリアル店舗やマルチブランドの大型eコマースサイト）の仲介を必要としているため、コンタクトがマーケティング・コミュニケーションのレベル〝だけ〟で生じるケースがある。これに購買の可能性が加わる場合、すなわち仲介への依存から脱却すると、先ほどの区別は、H2Hすなわち人間対人間というもっと広い概念のなかに溶け込んでしまう。

　H2Hの考え方の前提は、いかなる商業上の関係においても、相手は文字どおり人間であるということだ。人間は、自分の役割におけるさまざまな場面で、財やサービスの買い手だったり売り手だったりする。そして、おそらくはプライベートの生活でも、テクノロジー・イノベーションとデジタル・イノベーションを受け入れている。したがって、最新のデジタル・インターフェース（接点）やオンライン購入に慣れていて、スマートフォンで予約・管理する何かのサービスを利用したり、コンテンツをストリーミングで見たりしているはずである。

　とすると、この種の人がもつB2Bビジネスに対する期待は、今もとても低いと判断していいだろうか。この種の人がB2Bビジネスの仕事相手となるときには、最終消費者である場合とは異なるメンタリティを有するだろうか。B2Bの領域――その性質ゆえ、大抵はあまり〝ショーのような〟見せ方をすることなく購買経験が発生する――においては、顧客経験の発展に一定の遅れが見られ

Ｂ２ＢとＢ２Ｃの区別は、

Ｈ２Ｈ、すなわち

人間対人間

という、もっと広い概念のなかに

溶け込んでゆく。

ることは否定しない。だが今後、B2CとB2Bは類似していき、期待水準は同等になっていくというのが、われわれの意見だ。企業にとって、リテール4・0を採り入れるための理想的なアプローチは、ビジネスの相手方との対話を上手に進めながら、それを基に、データの加工とプロセスの再構築を並行して行うことである。これを続けていくと、**顧客から企業へ、すなわちC2Bのビジネスを定義する段階に達する。**誰が顧客であるかも、事業の性質も関係がない。つまるところ、いつも人間なのだ。再定義された顧客経験における期待は、もはや後退することはない。

こうした進化は、業種や市場によって、すでに進行しているか、すぐそこに迫っている。問題は、進化が起こるかどうかではなく、いつ起こるかだ。近年の変化はものすごい勢いなので、ここ数年で何もかも変わってしまうと思いたくなる。しかしながら、**パラダイム・チェンジがきわめて重大であるからといって、企業がこれまで蓄積してきた能力と強化してきた事業プロセスを〝リセット〟すべきだというのは誤りである、というのがわれわれの見解だ。**これからは、オンラインの経験とオフラインの経験が完全に融合した時代となるだろう。それは上述のカスタマー・ジャーニーの進化に合致しているし、この後、本書で広範に解説していく。需要が変われば、当然オファリングはそれに対応しなくてはならない。そして、企業と企業経営者はいかにして従来のパラダイムに新たなパラダイムをつないでいくかを熟知したうえで、意思決定するためのツールを獲得する必要がある。したがって、過去の経験の役立て方を考察する一方で、**デジタルはそれ自体が目的ではなく、**

競争力維持を望むなら無視できない手段であることを意識しながら、自社の未来を改めてデザインしなくてはならない。

この論理こそが、われわれを一〇の法則の策定へと導いた。本書には、国際的企業であるアマゾン、アウトグリル、ボッジ、ブリヂストン、ブルックス ブラザーズ、ブルネロ・クチネリ、カンパリ・グループ、カルフール、コチネレ、ディズニーランド・パリ、イータリー、ヘンケル、HSBC、キコ・ミラノ、ラ・マルティナ、リーバイ・ストラウス&カンパニー、マークス・アンド・スペンサー、モレスキン、モンダドーリ・リテール、ナッツジ、サフィログループ、SEA（ミラノ空港運営会社）、資生堂グループにおける、CEO（最高経営責任者）、取締役、デジタル部門最高責任者といった人々の視点が掲載されている。ガイドとなる法則の妥当性と経営者の視点を対比しながら確認することが、読者の助けになると考えている。インタビューに答えてくれた経営者の方々には、必要なヒントと実例を提供し、本書の内容を豊かにしてくれたことに対して謝意を表する。

また、デービッド・カザリーニ――「ケフトゥーロ」や「スタートアップイタリア」など、大成功を収めたプロジェクトを生んだ企業RnDlabの共同創業者にしてCEO――にも格別の謝意を表したい。小売業界に特に関わりの深いソリューションを提供するイタリアのスタートアップ企業のなかから将来有望な何社かを特定するにあたり、なくてはならない貢献をしてくれた。

そして結びとして、現在、小売業界にあるいくつかの主要なトレンドについて、発展の様子の概説を試みた。そのなかで、マイクロソフトEMEAの世界消費財取締役ニナ・ルンドとも刺激的かつ実り多い議論をすることができた。経営者の視点の部でインタビューを受けてくれた経営者は皆、改革と技術によって各社の目標を達成すべく、人々と組織を日々支えている視点から発言している。われわれの考察と彼らの考察を融合する機会を得られたのは、ニナ・ルンドとマイクロソフトのイタリア・チームのおかげであり、ここにお礼を申し上げる。

上述の貴重な助力のおかげもあり、本書はリテールに携わる人にとって避けられないある一連のテーマに関する考え方を示している。そのテーマは、以下の問いに整理することができる。

●デジタル時代における自社の小売戦略を定義するためには、どのように伝統的マーケティングとデジタル・マーケティングを融合させればいいか。
●各タッチポイントの役割を把握し、自社の強みを価値化し、注力すべき弱みを特定するためには、どのようにカスタマー・ジャーニーを分析すればいいか。
●自社の戦略を実践する技術として、より効果的なものを選択する際に、決定の根拠とすべき基準は何か。

われわれが暮らす世界は、

アルゴリズム並みの

スピードで変化しており、

これからも変化し続ける。

●顧客経験をパーソナライゼーションするためには、どのようにデータを運用すればいいか。
●自社の顧客のロイヤルティを獲得し、アドボカシーを促していくにはどうしたらいいか。
●小規模だが装備を整えた新たな競合が、自社の事業分野に参入してきたときに、準備不足とならないようにしておくには、自社をどのような構造にすればいいか。
●今後五年間で、自社はどのような挑戦をしていくか。

われわれが暮らす世界は、アルゴリズム並みのスピードで変化しており、これからも変化し続ける。したがって、われわれがここに提案する考え方は、時が経っても有効であるように、柔軟でなくてはならない。そうした願いから、われわれはインターネットサイトwww.retailfourpointzero.comを開設した。自分の意見を述べたいと考えるすべての人、リテール4・0というテーマに関する議論に参加したいと考えるすべての人と対話するために。

第1章

デジタル時代

ハルマゲドン？

Armageddon?

立地と品ぞろえ。数十年にわたって、この二つの要素が小売業界のカギであり、小売店の成否を左右してきた。立地は店舗数と店舗の地理的展開戦略、品ぞろえはどの製品をどれだけ陳列するかの選定である。店舗配置、物流、在庫管理、マーチャンダイジング、店内フローの管理などすべてが、この二つの要素を中心に決定されていた。

長きにわたり、小売業界の主要三原則として、不動産業界の用語を借用した表現が使われてきた。**〝ロケーション、ロケーション、ロケーション〟**である。要するに、より良い立地を獲得することが最優先であると思われていた。そしてそこに、明確に定義したターゲットの好みに合った品ぞろえがあれば、あとは大抵うまくいくと想定された。こうしたプッシュ型の考え方は、当時の市場では理にかなっていた。しかし、市場は細分化し、加速しながら猛烈な勢いで変化した。さらには、デジタル時代の新たなスタンダードを提示する競合の圧力が加わるようになっている。

近年、多くの小売業者が店舗を閉店している。その数の多さから、時代背景が変わり、かつて支配的だったメンタリティも変化したことがわかる。「はじめに」で述べたように、主にデジタルトランスフォーメーションに起因する困難な現状を、多くの人が黙示録または〝ハルマゲドン〟といった言葉で表現するに至った。しかし、数多くの店舗やチェーンが閉店しているからと言って、ブリック・アンド・モルタル、すなわちリアル店舗による小売の終末ととらえるのは間違っている。終末が宣告されているとするなら、**数十年にわたって、事実上、変わらずにいたモデルに対してだ。デジタル時代を特徴付けている環境への不適応が露呈しているのである。**新しい時代の幕開けに、いわゆるデジタル・ダーウィニズムの影響に翻弄《ほんろう》されることなく、自然淘汰《とうた》のなかを生き残るのは、自らを改革できる人々である。

リテールを含むあらゆる分野の企業が、これまで五〇年かけてオファリングのシステムを築き上げてきた。だが、過去二〇年におけるインターネットおよびスマートフォンの普及と、群衆によるソーシャル・メディアの使用によって、システム全体の基準が転覆した。これは、技術革命ゆえではなかった。技術革命は力関係の破壊をもたらす環境を創出したのであって、その結果、顧客・消費者が製品とサービスのオファーに関する時間・方法・内容の決定において主役の座を得たのである。彼らは、不満があったときに不満を世界中に広める基盤ももっている。

継続的な接続性と技術革新によってもたらされた機会によって、人々の行動、習慣、選好、期待が変化した。そして、ポイントはここだ。**人々は、企業よりもずっと速いスピードで変化していくのである。**舞台には新たな役者、大抵は〝デジタル・ネイティブ〟が投入されている。彼らには、適切な答えを提供してくれる装備が整っている。こうしたなかで小売業者に課せられた挑戦は、新たなスタンダードに自らを合致させることだ。過去に考案されたメンタリティ、プロセス、構造、インフラのスキームを、一世紀以上にわたって強化してきた企業には、大きい困難を伴う挑戦である。

デジタル革命による変化とピュア・デジタル・プレーヤーの出現の結果、顧客経験が全面的に最優先事項となった。そして、人々の期待が進化した。タッチポイントの細分化が進み、消費者は製品やサービスにアクセスする機会が増加している。企業からすれば、さまざまなフェーズで効果的に、一貫性をもって、消費者の経験を管理しなければならなくなっている。だからこそ、顧客経験がかつてないほどに絶対的な優先事項なのである。

消費者は、多くの情報を得られるようになっており、多くの予備知識を得て購買品を選択する条件が整っている。自分の好みに合った企業を選ぶ前に、企業に大きな柔軟性を要求し、道徳的な態度を期待する。マルチチャネルのアプローチを受け入れず、企業と交流するなどのタッチポイントでも一貫した応対を要求する。また、購買を検討しているサービスまたは製品に関する考えを明確化するため、誰もが、いつでも、集合知（大衆の知恵）に頼ることができる。自分のパーソナル・メディアでインターネットにアクセスし、大抵は見ず知らずの他人であるユーザーのレビューやコメントを見る。そして、ひとたび製品またはサービスにまつわる経験をすれば、消費者は自分の体験を、この意見の貯蔵タンクに注ぎ込んでいく。

顧客・消費者と企業との関係において、歴史的に定着していた情報の不均衡は、明らかに縮小した。こうした現象によって、企業は過去に経験したことのないポジションに置かれており、マーケティングとコミュニケーションの戦略を見直す必要性に迫られている。

タッチポイントの増加と人々が消費に割く時間の増加が比例していないことも、忘れてはならない。**時間は、昔も今も乏しい資源である。**この事実から、人々のメディアに関わる習慣の変化と、各チャネルに割く平均時間の縮小が進んでいると推定せざるを得ない。同時に、よりデジタル時代の特徴に合った、直接的でも一方的でもないコミュニケーション形態が広まっている。

要するに、**オーディエンスは、より細分化し、より批判的になったが、同時に、注意散漫になり、限られた空き時間を割きたがらなくなっている。企業は、こうしたオーディエンスと折り合いをつけなくてはならない。**したがって、自社のターゲット・オーディエンスを有意義なコンテンツで楽しませ、巻き込んでいく必要がある。また、リレーションシップを築けるコンテンツでなければならない。リレーションシップを育んでいけば、人々のブランドに対する肯定的な態度(グッドウィル)を誘発し、購買における選好を引き起こす可能性があるためだ。

この点に関しては、セス・ゴーディンが提唱したパーミション・マーケティングのコンセプトを思い出すといい。伝統的なインタラプション・マーケティングの超越を目指したものだ。インタラプション・マーケティングでは、まず効果的なコンテンツを伝えることでオーディエンスを構築する。その後、広告の挿入でコンテンツの享受《きょうじゅ》を中断して利益を引き出す計画を練るという方程式をベースにしている。一方、セス・ゴーディンの新しいマーケティングでは、伝統的なテレビ広告のような割り込みを控えるべきだとした。発信する側と受け取る側の関係は、受け取る側の合意と価値の交換に基づくようにすべきだ。重要な情報と時間の交換である。

こうした背景のなか、リアル店舗の重要性も再検討されなければならない。新たな製品の発見、情報収集、購買の完結に関し、リアル店舗で多様な機会が生まれているためだ。ユビキタス・コマースのトレンドによって、マルチチャネル・マーケティング戦略の見直しが促されている。マルチチャネル・マーケティングでは、新しいカスタマー・ジャーニーと、顧客・消費者が有する無数の選択肢の総体を考慮していない。必要なのは、マルチチャネルではなくオムニチャネルのアプローチであり、顧客データが最大限に共有されなくてはならない。また、採用するコンテンツは、関与型のパーソナルな経験、つまり有意義な経験を提供できるものでなくてはならない。このテーマに関しては、後の章で掘り下げる。

要するに、デジタル時代になって、人々は製品の展示と流通の場であるリアル店舗を放棄するという選択肢を得ている。立地と品ぞろえは、もはやそれ自体で優先事項とはなり得ない。eコマースには、事実上、無制限に幅広い選択肢があり、購入品は数時間とまではいかなくとも、数日で受け取れる。製品を供給する伝統的モデルにおいて、小売業者は物流と在庫を管理し、製品を店舗に陳列し、品ぞろえを見直し、さらには販売中・販売後のフェーズのために従業員を教育し、配置する。しかし、同じ製品を買うにあたり、消費者が多くの（しかもおそらくはより低価格でより魅力的な顧客経験の）代替手段から選べるようになった今、小売業者はそれらを維持していけなくなっている。考慮すべきことはまだある。**小売業者によっては、サプライヤーも競合になっている。デジタル技術による中抜き現象のおかげで、流通業者なしで最終顧客に直接オファーできるからだ。**

デジタル時代に適応するために、小売業を営む企業は、まったく異なるメンタリティをもたなくてはならない。オムニチャネルのモデルの力学をしっかりと理解し、カスタマー・ジャーニーの進化に対応する必要がある。そして、これまで築いてきた競争力に、とりわけリアル店舗内における顧客経験の面でデジタル・コンシューマーの期待を注意深く評価する能力を加えなくてはいけない。

以降のページでは、新しいメンタリティの発展に役立つよう、上述の状況を読み解くためのアウトラインを描いていく。また、店舗がいかに価値提案を市場の期待に合わせていくかを理解できるよう、小売業者にコンセプチュアル・ツールを紹介する。

デジタル時代におけるカスタマー・ジャーニーの進化

L' evoluzione del customer journey nell' Era digitale

カスタマー・ジャーニーとは、人々が多少なりとも意識的に財またはサービスの購入者として行動するときにたどる、ブランドとのファースト・コンタクトから購買決定に至るまでの〝旅〟である。

言い換えれば、消費者がブランドのさまざまなタッチポイントと交流しながら進んでいく行程という表現もできる。このとき、タッチポイントが必ずしも企業に管理されているものばかりではないことに着目しなくてはいけない。ブランドが所有する**オウンド・チャネル**（自社チャネル、ウェブサイトやブログなど）、**ペイド・チャネル**（有料チャネル、テレビ広告や新聞広告、バナー広告など）、いわゆる**アーンド・チャネル**（獲得チャネル、ユーザーのレビューやコメントなど）があり、それぞれに異なる働きがある。そのため、事業活動を調整し、交流をモニタリングし、受け手の認識に影響を及ぼして選択に向かわせることが、きわめて複雑になっている。

つい最近まで用いられてきたモデルはすべて、直線的に段階が進んでいくカスタマー・ジャーニーを描いていた。カスタマー・ジャーニーを理論的に説明するモデルとして、最も広く知られているのが、ケロッグ経営大学院のデレク・ラッカーによる**「4Aモデル」**である。過去には、広告と販売における先駆者の一人、E・セント・エルモ・ルイスが提唱したAIDA（注目・attention、興味・interest、欲求・desire、行動・action）モデルがあったが、それを発展させた修正版だ。

ラッカーは、顧客は概《おおむ》ね四つの段階をたどるとし、再行動を、顧客とのリレーションシップおよび顧客のロイヤルティを表す主要な指標とみなしている。段階を以下に記す。

❶Aware（認知）：顧客が、ブランドまたは製品の存在を知る。
❷Attitude（態度）：顧客が、必要性をベースに製品を、自分の好みをベースにブランドを、（肯定的にまたは否定的に）評価する。
❸Act（行動）：商業提案に納得すれば、顧客は製品の購入を決定する。
❹Act Again（再行動）：満足すれば、改めて自分の好みとの一致を認めることにし、再び製品またはサービスを購入する。

このような段階を経るプロセスは、漏斗《じょうご》のような形に表せるので、そのまま**カスタマー・ファネル**と呼ばれている。実際、段階を進むごとに、顧客数は次第に減少していく。ブランドを評価するには、その前に当該ブランドを知っていたはずだし、ブランドの製品を購入するには、その前に評価していたはずだ。他の段階でも同じである。人に考慮されるブランド数も同様に漏斗型のプロセスをたどり、各段階を進むごとに減少していく。たとえば、人が明確な意見をもっているブランド数は、名前を聞いたことがあるブランド数よりも少ないが、製品を購入したブランド数よりも多い。4Aモデルの場合、カスタマー・ジャーニーのさまざまな通過点のうち、購買決定に最も影響するのは、企業がタッチポイントで提示するマーケティング活動である（たとえば、認知段階ではテレビ広告、行動段階では販売員活動）。

コトラー、カルタジャヤ、セティアワン著『コトラーのマーケティング4・0 スマートフォン時代の究極法則』によれば、このモデルは、接続性以前と定義できる時代においては、ブランドと顧客の関係をうまく表していた。だが、ここ二〇年間のすさまじい変化によって、伝統的マーケティングとデジタル・マーケティングの相互補完が可能となる新しいモデルが必要となっている。

接続性以前の時代には、ブランドに関する意見を顧客個人が自分で生成していた。自分の判断が正しいかどうかを確認するにしても、せいぜい自分の周囲の信頼できる人の意見を参考にする程度だった。だが、デジタル時代には、プロセスの初期段階から、コミュニティが強い影響力を有している。個人の購買決定の多くが、実は発生時から社会的決定といえるまでになっている。接続性以前の時代には、ブランドに対するロイヤルティは、主に顧客維持率と再購入率で定義されていた。

デジタル時代においては、人々は自分の経験をインターネット上に記述し、共有する習慣があることから、ロイヤルティはとりわけアドボカシー、すなわち他の人々にブランドを推奨する意志によっても定義される。寿命の長い製品や一定の使用経験しか伴わない製品の場合でも、推奨率が高ければ、ブランドの認知に対し、きわめてポジティブな影響を間接的にもたらす可能性がある。

したがって、今日、**顧客の〝旅〟は、新しいモデルで描かれなければならない。新しいモデルは、五つの〝A〟で表現される。すなわち、Aware(認知)、Appeal(訴求)、Ask(調査)、Act(行動)、Advocate(推奨)である。**

認知：この段階で顧客は、過去の経験、マーケティング・コミュニケーション、他者の推奨によって、たくさんのブランドを知る。これが、カスタマー・ジャーニーの出発点である。ブランド認知のためには広告が重要な原動力であるが、現在はピア(同じ立場の仲間)・グループの影響も、同程度に重要なファクターである。

訴求：すでにさまざまな提案の存在を知り、顧客は自分が触れたすべてのメッセージを受け取り――短期記憶をつくるか、長期記憶を増幅する――少数のブランドにのみ引かれていると感じる。製品がコモディティ(大量消費財など)で、差別化しにくい製品)化していて、多数の企業があり競争の激しい産業では、競合他社よりも目立つようにブランドを訴求しなくてはならない。顧客の一部は、他者よりも当該ブランドの訴求に反応する。

調査：好奇心に駆り立てられて、顧客は、魅力を感じたブランドについて調べる。友人や家族に情報を尋ねたり、メディアで情報を探したりする。さまざまなタッチポイントを通じて、直接交流することもある。顧客は、友人にアドバイスを求めるかもしれないし、あるいは購入の候補に挙げているブランド・リストを自分で評価するかもしれない。ピア・グループ、伝統的なメディア、オンライン・メディアはもとより、セールス・オペレーターやリアル店舗も、顧客の情報欲求の満足を左右する。デジタル（オンライン）世界と現実（オフライン）世界の統合と、情報収集できるチャネルの増殖によって、調査の段階はとても複雑になっている。接続性の時代において、この段階はとくに狂騒的であり、（不特定多数の）他者との協同による意思決定を引き起こす。ここから購買行動へと進むかもしれないし、ダイレクトに推奨段階へと進むかもしれない。人々はたとえ購入したことがない製品であっても、製品やサービスに関する称賛を述べることがある。

行動：収集した情報に納得したら、顧客は行動を決意するだろう。だが、望ましい顧客行動は購買だけではないことを忘れてはならない。特定ブランドの製品またはサービスを購入した後、顧客は消費や使用を通じてはもちろん、アフターサービスを通じても、当該ブランドとさらに深く交流するので、行動の段階におけるブランドの評価は幅広い経験に結びついている。力強い肯定的な推奨を繰り返し生むためには、経験が忘れがたいものでなくてはならない。

推奨：顧客は時とともに、ブランドに対し一定のロイヤルティをもつようになる。それは顧客維持や製品またはサービスの再購入につながり、後に他者への強力な推薦として表れるだろう。デジタル時代では、個々人の到達できるオーディエンスが拡大しているので、推奨の段階はとくに重要である。推奨が確認されるのは、顧客が肯定的な態度で自身の経験をインターネット上に示し、自分の評価するブランドを自発的に他者に薦めるときである。特定ブランドの忠実な支持者は、それを薦めるために〝公衆の前に〟自分をさらすので、将来当該ブランドの製品を再購入する確率もかなり高い。

五つの〝A〟の段階にも、理論上、一定の連続性はあるが、必ずしも直線的に進むわけではないことを強調しておかなくてはならない。実際、時には顧客が前の段階に戻ってフィードバック・ループをつくることで、進行が螺旋《らせん》状になることさえある。好奇心の強い顧客は、認知しているブランドのリストに新しいブランドを追加したり、新しいブランドに強く引かれ、自分のブランド〟ラ

参考＝『コトラーのマーケティング4.0』
F･コトラー、H･カルタジャヤ、I･セティアワン

A3 調査（ASK）	A4 行動（ACT）	A5 推奨（ADVOCATE）
顧客は好奇心に駆られて積極的に調査し、友人や家族から、またメディアから、さらにはブランドから直接、追加情報を得ようとする	追加情報によって感動を強化された顧客は、特定のブランドを購入する。そして、購入･使用･サービスのプロセスを通じてより深く交流する	時とともに、顧客は当該ブランドに対する強いロイヤルティを育む。それは顧客維持、再購入、そして最終的には他者への強力な推薦に表れる
• 友人に電話をしてアドバイスを求める • オンラインでブランドレビューを検索する • コールセンターに電話をする • 価格を比較する	• 店舗かオンラインで購入する • そのブランドを初めて使う • 問題について苦情を言う • サービスを受ける	• そのブランドを使い続ける • そのブランドを再購入する • そのブランドを他者に推奨する
よいと確信する	購入する	推奨する

ンキング〟を更新したりするかもしれない。さらに、サービスに不満を抱いた顧客が、代替品をインターネットで探し、数時間のうちに従前のサプライヤーに代わるブランドを見つけるかもしれない。

道筋が不規則な行程をたどるうえ、フィジカルとデジタルのタッチポイントを行き来するので、検討するブランド数は各段階で変動し、事実上、漏斗型のようにはならない。とりわけ、いくつかの製品カテゴリーでは、現に、消費者が一つ以上の段階を飛ばすことがある。たとえば、あるブランドに当初は魅力を感じていなかったであろう顧客が、友人のアドバ

◉5つの"A"による新しいカスタマー・ジャーニー

	A1 認知（AWARE）	A2 訴求（APPEAL）
顧客の行動	顧客は過去の経験やマーケティング・コミュニケーション、それに他者の推奨から、受動的にたくさんのブランドを知らされる	顧客は自分が聞かされたメッセージを処理し――短期記憶をつくったり、長期記憶を増幅したりする――少数のブランドだけに引きつけられる
考えられる顧客タッチポイント	●他者からブランドのことを聞かされる ●たまたまブランドの広告に触れる ●過去の経験を思い出す	●ブランドに引きつけられる ●検討対象にする少数のブランドを選ぶ
顧客の主な感想	知っている	大好きだ

イスに動かされ、購入することがある。このケースでは、訴求段階を飛ばして、認知から直接調査へと進んでいる。また、顧客が調査段階を飛ばし、最初の認知と訴求だけに動かされ、衝動的に行動することもある。このケースは、コモディティ化していて低価格で、使用頻度の高い低関与水準の製品における購買で、一般的に見られる。

一方で、高いロイヤルティを有する支持者が、自身は購入者ではない場合もある。消費者が行動段階を飛ばし、直接推奨段階へと進むのだ。特殊な挙動だが、アパレルのトップブランドや高級車といった、人気はあっても手が届きにくい特徴をもつ製品カテゴリーでは、しばしば見られるケースである。

要するに、**新しいカスタマー・ジャーニーは、もはや固定的な漏斗型ではなく、顧客はその道筋において、必ずしもすべての段階を通り抜けるわけではない。**このことから、認知から推奨までの道筋は、各段階を通り抜ける顧客の数という点で、形が広くなったり狭くなったりする。検討する製品の種類に応じて、またカスタマー・ジャーニーの誘導をしようとするブランドの意思決定に応じて、顧客の数は変化するのである。

当然のことながら、このプロセスにおいて店舗は重要な分岐点となるので、ケース・バイ・ケースで、上述の変動に応じた店舗の役割を検討する必要がある。時には、認知と訴求の段階で、店舗は肯定的な印象を与える理想的な場となるかもしれない。たとえば、認知度の低いブランドが歩行者通行量の多い好立地に店舗を構え、独自のオファリングで通行人を引きつける場合がこれにあたる。また、店舗内に他のタッチポイントでは再現できない経験があり、売買(行動)の瞬間を実現する場合もある。ただし、その経験は他のすべてのインタラクションの影響があって実現するものであり、購入ブランドに顧客が満足すれば推奨段階への道筋が開かれる。**デジタル時代には、たとえ大型店であっても、同時に複数の段階で決定的な役割を果たすことは難しい。**

結論として、**カスタマー・ジャーニーは、一種類だけが存在するわけではない**ことを再確認しておく必要がある。それは、各々のブランドについても言えるし、一つのブランドが対象とする各々の市場セグメントについても言える。したがって、〝旅〟の分析は、まず特定のセグメントについて行い、その後、顧客の種類ごとに振る舞いの違いを確認していく。こうした分析に着手する際に、しばしばペルソナ（象徴的な人物像）のコンセプト（さらには、ペルソナ・マーケティング、バイヤー・ペルソナ、カスタマー・ペルソナまたはユーザー・ペルソナ）が用いられるのは当然だ。ペルソナは、伝統的なセグメンテーション、ターゲティング、ポジショニングのモデルを補完するプロセスで、自社の既存顧客や潜在顧客の姿を描き出すことを可能にする。さまざまな製品カテゴリーにおいて、人のニーズ・ウォンツ・期待をより深く知ることが目的なので、ペルソナはできる限り現実に近い姿にするよう注意を払う必要がある。そのためには詳細な調査を行い、大量のデータを分析し、対象となるさまざまな人の定性調査を実施する。これらのすべてを、最初の段階ではペルソナの姿を描き出すために、最終段階では実際に採用する前の確認のために行う。

　次のページからは、データの重要性について述べる。データは、オーディエンスと価値あるリレーションシップを築き、カスタマー・ジャーニーに関する理解を明確化するためのツールである。

データは新しい石油である

Data is the new oil

本節のタイトルは、ラフバラ大学メディア・アンド・コミュニケーション学部教授、デビッド・バッキンガムの言に依拠している。データは、人々・各種団体・企業に発展の機会をもたらす。その巨大な潜在能力を表した言葉である。石油に例えられるデータに関わる分野で働く人に課せられた仕事は、発見し、抽出し、加工し、提供し、マネタイズすることである。

数年前から、企業も政府も公的機関を含む団体も、〝ビッグデータ〟にこだわり続けている。技術の進歩によって、データ・ウエアハウス（デジタル・アーカイブ）に蓄積されたデータを関連付け、現実的な価値を得るために活用できるようになったという考え方が定着した。**小売業者は、早くからメンバーズ・カードを使って顧客データを収集してきた業態の一つだったことから、いかにしてビッグデータを〝スマート・データ〟に変化させるかに、格別の関心を寄せてきた。スマート・データとは、より顧客満足を高め、同時に組織の効率化を図りながら、しかも競争優位を勝ち取るため**

に有効な情報である。

ビッグデータが話題になり続けている背景には、もう一つ別の理由がある。デジタル革命とスマートフォンの普及が、接続している世界数十億の人々をコンテンツ生成者へと変容させたのだ。いわゆる、インターネット・オブ・シングス（IoT：モノのインターネット化）も忘れてはならない。さまざまなモノがネットワークに接続し、モノどうしで交信したり、人間と交信（まさにスマートフォンなどの機器を通じて）したりすることである。さらに、新しい技術によって、人々のオンラインとオンランド（防犯カメラ、クレジットカード決済、クッキー等々）の行動に関する一連のデータを収集し、統合し、保存し、分析できるようになっている。

これらすべての要素を組成することで、日々生成され、蓄積され、後に加工されるデータの量は爆発的に増加した。ある統計によれば、今日、世界で二日間につくり出されるデータの量は、太古から二〇〇〇年までに生成されたあらゆるデータの総量を上回るという。そして、今後数年で指数関数的なさらなる増加が見られるだろう。

データがビッグであればあるほど、アクショナブルではなくなる。この側面に関する考察をより深めるためには、データと情報の違いを明確化する必要がある。ピーター・ドラッカーによれば、**データは体系化され、具体的な特定の目的に資するときに、情報へと変容する。さもなくば原石、非構造化データである。**販売キャンペーンの結果、製品の再購入率、棚ごとの商品回転率。これらはすべて未加工のデータの例だ。これを選別し、有効化し、集計し、関連付け、体系化し、分析し、説明的または実務的な指標として導き出して、初めて情報となる。

言うは易《やす》く行うは難《かた》し。実際に、大体どの業種においても、理論的に利用可能なデータのうち、本当に活用されているのは、ほんのわずかであると推定される。かなり進歩的な組織でも、意思決定のために実際に使用しているのは、利用可能な構造化データの半分以下で、後に分析されるデータに限れば一パーセントに満たない。また、七〇パーセント以上の従業員は、隔離されているべきデータに、制限なくアクセスできる。一方、データ・アナリストは、会社のあちこちのアーカイブに分散したデータを探すことに、八〇パーセントもの時間をとられている。

もちろん例外はある。とくにピュア・デジタル・プレーヤー――先見の明をもって、直ちにビッグデータの破壊的威力をとらえた企業――がそうだ。また、事業内容自体のために、あるいは戦略的ビジョンとトップ・マネージメント能力によって、(必要に応じ第三者のデータで補完することに加え)データベースの統合と蓄積データのアクセシビリティ(利用しやすさ)向上に投資した企業もある。

リテール4・0において、このテーマには格別の重要性がある。バックオフィスのレベル(最も組織効率と実務効率に関わる)においても、フロントオフィスのレベル(ビジネス・パートナーや最終顧客に向けた活動)においても、企業に新たな機会を与えるものであるからだ。

データは石油のようなものだ。

データに関わる分野で働く人に課せられた仕事は、

発見し、抽出し、加工し、提供し、

マネタイズすることである。

先に考察したように、消費者の期待は進化し、ブランドとのパーソナライズされたリレーションシップを望んでいる。したがって企業は、カスタマー・ジャーニーを深く分析し、適切なツールを装備しなくてはならない。**タッチポイントが現状のように細分化しているなか、人々の注意を引くことは難しい。注意を継続的に活性化させ、それを企業が提供する製品とサービスに関する実際的な関心へと転換させるのは、もっと難しい。**データとデータから生じる情報は、マーケティング戦略を4・0のフェーズへと移行させるために必須のツールである。

ビッグデータはビジネスに役立つように適正に提供された場合、ターゲティング戦略に活用でき、カスタマイゼーションからパーソナライゼーションへの移行を可能にし、企業と顧客のリレーションシップの有効性に多大な恩恵をもたらすことになる。このテーマに関しては、第2章の「パーソナルであれ」の法則で取り上げて詳述する。

ソーシャル・ネットワークは、今日、人々に関するデータをくみ上げるための主要な貯蔵タンクである。現に、データの販売が運営会社の主な利益源なのだ。これはデリケートなテーマなので、公権力がデータの取り扱いの規制に向け、大きな注意を払うまでになっている。倫理的・社会的に途方もなく大きな波及効果のあるテーマである。二〇一八年春、あるスキャンダルが発覚した。アメリカ大統領選とブレグジットに関する国民投票を控え、大衆の意見に影響を与えようとしていたケンブリッジ・アナリティカが、フェイスブックから数千万人のユーザーの個人情報を収集してい

◉インターネットの1分間で起きているこれだけのこと

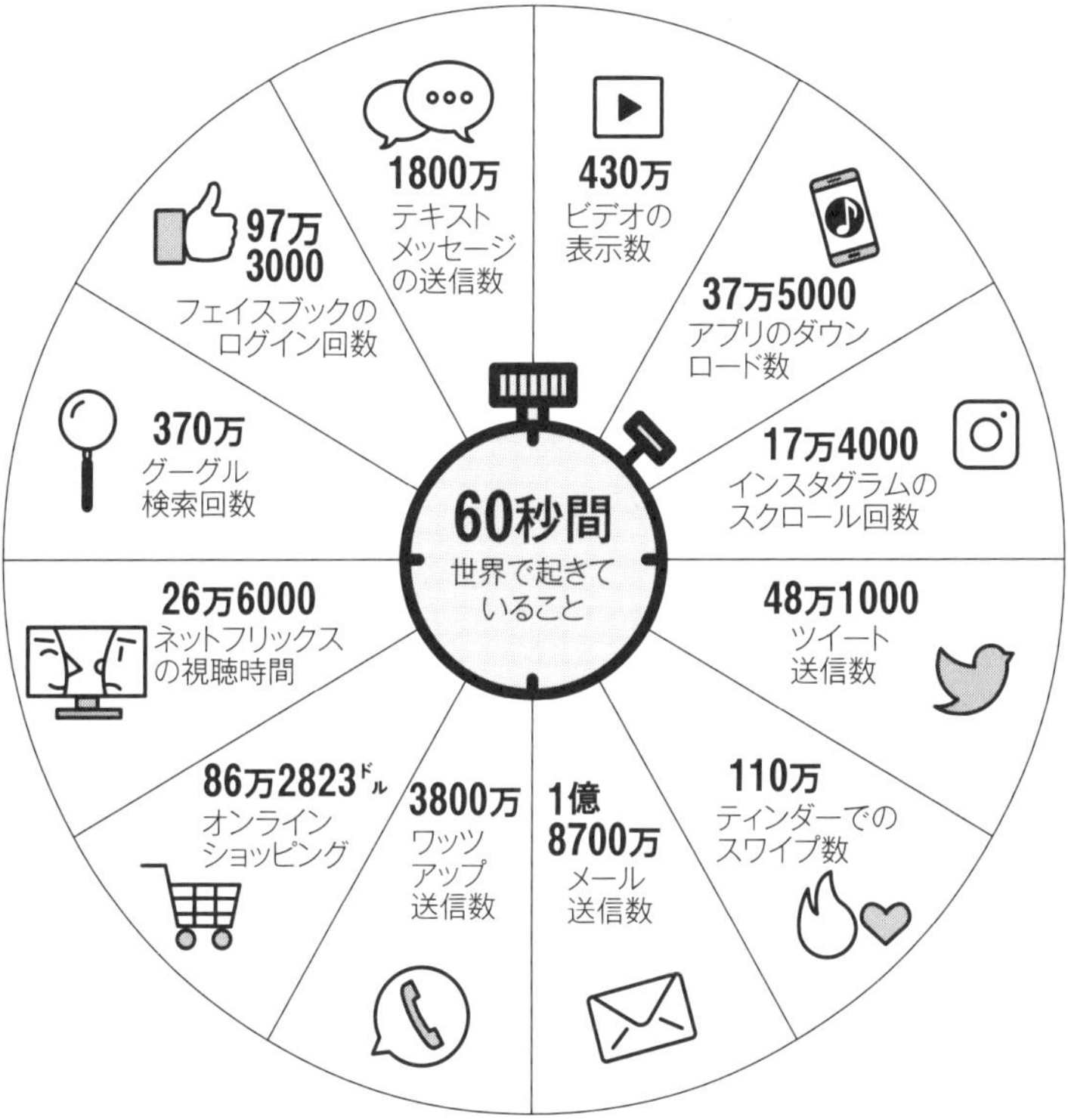

This is what happens in an Internet minute in 2018
Lewis L., Callahan C., Cumulus Media

たのだ。これは国際的な一大ニュースとなった。

だが、ビッグデータの可能性を、マーケティング活動や政治的プロパガンダに限定してはもったいない。前述のとおり、ビッグデータは組織運営や経営のレベルで利点を引き出せるのだ。たとえば、セルインおよびセルアウトのデータと、販売拠点エリアのフェイスブック・ユーザーが表明している趣味に関するデータを関連付ける。その情報を基に、小売業者は、特定の製品の調達を決めたり、当該製品の販売キャンペーンを実施したりできる。あるいは製造業者は、自社のデータと第三者から入手したデータのクロス分析から、流通業者の顧客の好みを割り出し、それに合わせて製品の特徴を変更することもできるだろう。

ビッグデータ普及における問題は、主にプライバシー(個人データと公開データの境界はどこか)、セキュリティ(誰がどのように個人情報を管理しているのか)、情報収集された個人に対して起こり得る差別に関する点である。 銀行や保険会社が、健康状態に関するデータを基に顧客を差別することには、誰もがすでに慣れている。適切な規制が介入しなければ、情報を提供する人とその情報の影響下で意思決定する人の間に、深刻な情報不均衡が発生するリスクがある。

いずれにしても、データ分析が正しい方法でプライバシーを尊重しながら行われれば、前節で解説したカスタマー・ジャーニーの分析における成果物は、理想的なものとなるだろう。オーディエンスの詳細でペルソナも活用したセグメンテーション、各タッチポイントの特徴と役割の正確なマッピング、具体的な強みと弱みに応じて企画したコンテンツとオファリングの提案は、企業にとって最も重要な目標である。ビッグデータがあれば、それらを効果的に進めることができる。ほんの数年前までは、想像もできなかったことである。データ分析は、企業活動の的確な測定ツールが整備されているときに、さらに決定的な強さを発揮する。そこで得られたデータは、フローとプロセスの継続的なモニタリングを可能にし、オファリングを市場のニーズとウォンツにますます敏感に対応できるようにし、ついには先回りすら可能とするだろう。

第2章

リテール4.0における10の法則

不可視であれ

Be Invisible

1

「技術はジョークのようなもの。
解説を必要とするなら、
それはうまくいかなかったということだ」

現在進行中の技術革新における最も顕著な特徴の一つは、日々高性能化・高機能化が進むソリューションと機器の普及である。ソリューションと機器の進化はムーアの法則がベースとなっている。インテルの共同創業者の一人で研究者でもあるゴードン・ムーアは、すでに一九六五年の時点で、コンピューターの計算能力が一八〜二四カ月ごとに倍増していくこと、一方、プロセッサーの大きさは相対的に半減していくことを予言していた。かくしてプロセッサーはより高機能でより小さくなった。しかも価格は次第に低下し、テクノロジーは幅広いユーザーにとって身近で使いやすいものとなったのである。このことは、しばしばテクノロジーの〝民主化〟と言われる。現在、世界で経済発展を遂げている五二の国と地域における人口の六六パーセントが、一九六九年に人類が初めて月に降り立ったアポロ計画全体に要した計算能力を、スマートフォンによって手にしている。これもムーアの法則で説明できる。

こうした背景のなか、今や小売業者も、誰もが使える先端技術のソリューションを整備できる。しかしながら、**テクノロジーが著しく高機能化しているからといって、いかなる状況でもテクノロジーを利用する必要があるというわけではない。**テクノロジーの利用自体を目的として、テクノロジーを優先させることは、われわれから見れば真に革新的ではない。それは、化粧のごときソリューションを模索する近視眼的なアプローチである。

何よりもまず強調しておくべきは、テクノロジーは利用する人の現実的な必要性に直結しているときのみ、有効な機能を発揮できるということだ。**明確な目標を達成するための手段**であることを忘れてはならない。テクノロジーは、具体的なニーズに応えるときに最良の手段となり、その行為に意味を与える。使用自体を目的とする使い方は避けるべきである。そのような使い方は早々に旧弊化する運命にあるからだ。真に革新的であったといえるのは、ニーズに対応したときだけであり、狙いは常に、あらゆる技術的複雑さを〝不可視〟化しながら、人の生活をシンプルにしていくことである。

たとえば、小売業者が自社の販売店舗網の一新を必要だと感じている場合、インタラクティブ・

ディスプレイや最新の経営管理ソフトの導入を検討するのではなく、まず必要性とタイミングを慎重に分析することから始めるべきだ。その後、何らかの仕組みの導入に関する実際的な有用性を検討する。この当たり前に思われることが、実はまったく当たり前には行われていない。高価なツールが誰にも使われていない、あるいは実際の能力のほんの一部しか利用されていないなど、コスト・時間・スペースが無駄になっている小売店を見ることがあまりにも多い。逆に、人々のニーズやウォンツを見きわめ、テクノロジーが目に見えない形で機能するサービスを企画できれば、それは価値を創造する。そして、事業全体に疑いようのないポジティブな影響をもたらす。この過程を理解するには、技術革新を電気のようなものとイメージするといい。**目には見えないが、少し前まで〝魔法〟のように思われていたソリューションを作動させられるもの**なのだ。

さらに、技術革新がユーザーにとって大きな価値をもたらすのは、**フリクションレス・エクスペリエンスを実現できるとき**である。この用語についてわれわれは、消費者がどこにも引っかからず流れるように、しかもダイナミックに体験できるような、あらゆる経験を指すことにする。小売業者はこれを目標に、たとえ自社の組織運営プロセスに妥協を強いることになろうとも、ニーズを中心に置いた顧客経験をデザインしなくてはならない。消費者の購買前・購買中・購買後のプロセス全体を注意深く分析し、そこで見いだした課題を取り除く。取り除けなくとも最小限に低下させる努力が必要である。

現に、サービスを提供する側の能力の低さに対して人々の許容水準は低くなり続け、一方で期待は高まり続けている。それは、市場に存在するビッグ・プレーヤー数社が卓越した取り組みを展開している功績でもある。購買経験において顧客は、自分が主人公であると感じたがる。結果として小売業者は、顧客とその要望を中心に据えたアプローチを採用しなくてはならない。オンライン店舗であろうとリアル店舗であろうと、ショッピングの経験を高めるには、その楽しさを損なう障壁を取り除く必要がある。選択と購買のプロセスの流れを妨げるような要素はすべて、人の認識と記憶にネガティブな帰結をもたらす。技術的要素が要因であろうと、複数のタッチポイントにおける情報のばらつきが要因であろうと、結果は同じだ。

したがって、顧客とのインタラクションがいつでも直ちに、しかもシンプルに行われるようにする。小売業者には、この難しい課題への対応が求められている。消費者は、大型店内の滞在時間中に無数の行動をする。購買に至るまでのプロセスには、さまざまなフェーズがある。**消費者が目的を達成するのに必要となる認知的・物理的努力を最小化しつつ、すべてを無理なく自然な状態にできるか否かは、小売業者の腕にかかっている。**もがきながら技術の進化を追い求める時代には、人々の現実的なニーズやウォンツに関する予想を中心に据え、現実的な付加価値の創造にフォーカスすることがより重要になる。**〝人間的な触れ合い〟であるハイタッチの増幅器という形をとるときのみ、ハイテクには意味がある**と言えるだろう。これこそが、次に述べるルールの本質である。

ルールとは、**すでにある程度慣れ親しんだ技術やツールやインターフェースの採用によって、堅固なユーザー経験を蓄積し、さまざまなソリューションの選択肢を得るために要する人々の認知的努力を低減させること**である。

真のイノベーションとは、顧客が使わなくてはならないリソース量の低減であって、増やすことではない。**イノベーションの学習曲線は、利用者が得られるであろう最終利益に見合う形にする必要がある。学習した結果、利用者がイノベーションを促した小売業者に対する興味を失うという、危険な〝ブーメラン効果〟を避けなくてはならないからだ。**顧客に特定のサポートの利用方法を覚えるために時間の消費を要求する場合は、顧客のニーズまたはウォンツが満たされるのも当然遅くなる。そうせざるを得ないのであれば、顧客の努力が便益に見合うよう、さらなる慎重さが必要となる。スマートフォンの使用を前提としたシステムはすべて、小売業者がいかにそうした事態を避けるかを示す手本となる。スマートフォンは、現に消費者がとても慣れ親しんでいる機器である。大型店舗にいる際に、さまざまな目的で頻繁《ひんぱん》にスマートフォンを利用するという消費者は八〇パーセントに上る。インストア・マーケティングにおけるソリューションの多くが、消費者とインタラクションする意図でブルートゥース、あるいはNFC（近距離無線通信）やWi－Fi接続を活用しているのも偶然ではない。

以上のことを確認するには、チャットボットが普及してきた様子に目を向けるとよい。チャットボットとは、人間と会話のまねができるソフトである。ここまで述べてきたアプローチに従えば、このツールの成長には、主な要因が少なくとも三つあると言えるだろう。

ⓐすでに周知のプラットフォームを通じて利用できる。なかでも最も有名なのはフェイスブックのメッセンジャーだ。世界で一〇億人以上が習慣的にメッセージのやり取りをしているサービスである。

ⓑ一年三六五日、一日二四時間稼働し、しかも同時にできる会話の量が能力的に無制限であるため、顧客リレーションシップ管理を大幅に効率化できる。

ⓒ貴重なユーザー情報を、個人情報に関する法令を遵守《じゅんしゅ》しつつ収集できる。それが競争優位を生むとともに、マーケティング戦略や中期計画における効率化をもたらすことになる。

とくに興味深いケースが、インディゴＡＩによって開発されたチャットボットであることは間違いない。最も有望なイタリア企業の一つであり、多国籍製薬企業バイエルのイタリア版ポータルサイトSapereSalute.itで、チャットによるコミュニケーションに人工知能（ＡＩ）と機械学習を適用している。インディゴＡＩのこのサービスは、ビジターの健康やヘルスケアに関する情報収集を支援し、必要性に応じて適切なコンテンツを見つける手助けをしている。

前述の内容に一層の具体性を与えるため、技術革新が付加価値を生み、競争優位をもたらしている二つの活動領域を検討してみよう。**精算プロセス**と**モバイル・ペイメント**だ。

精算プロセスは、顧客が購買行為を終えるフェーズである。eコマースのプラットフォーム内では、顧客は〝カート〟から支払いのページに移動し、簡単でわかりやすい操作で購入を終えようとする。リアル店舗内の経験でも、それは同じである。事実、顧客のフリクションレス・エクスペリエンスの観点から見て、精算は最も重要な要素の一つといえる。購買プロセス全体における最後の行為であり、そこに至るまでに築き上げられたすべての肯定的な要素を台無しにしかねない。顧客は、ひとたび欲しいものを選んだら、簡単に支払いを済ませて、さっさと店舗での滞在を終わらせたがる。そこで小売業者は、精算プロセスのデザインによって、レジに行列ができるのを防ぐしかない。インタラクティブ・トーテムによる自動レジの導入は、それを目指した最初の一歩だった。採用率と好評価の割合は、当然、利用時の簡便さに応じて変化する。

購買経験をより良くする技術の例がデカトロンにある。同社はスポーツ用品専門店チェーンである。二〇一六年、購買行為において課題となる精算の瞬間を改善するため、デカトロンは革新的で賢いシステムを店舗に導入した。商品にＲＦＩＤ（近距離無線個体識別技術）に対応したタグを付けたのだ。空いているレジが自動音声で示され、精算時に顧客はそのレジに行く。そして専用のスペースに商品を置くと、商品が自動で認識され、支払いができる。このソリューションによって、デカトロンはレジの待ち時間をドラスティックに削減し、販売効率が顕著に高まっている。アップルやターゲットは、レジ自体を排除するまでになっている。このカリフォルニア州クパチーノのハイテク企業とアメリカ有数の小売業者は、一人の販売員だけで店舗内のどこでも購買を完結できる可能性を提供しているのである。

モバイル・ペイメントは、多くの顧客がスマートフォン利用の簡便さを認識すれば、当然、顧客の好感を得るにふさわしい選択肢の代表格となる。コンタクトレス決済のクレジットカードと、それに伴うアンドロイドおよびiOS対応NFC技術の導入が開始され、スマートフォンによる決済は急速に進んだ。事実上、現金やクレジットカードを持ち歩かなくても、購買を完結できるようになったためだ。複数の小売業者がこの機をとらえ、自社のアプリケーションに結びついたソリューションを開発した。たとえば、世界最大の小売店チェーンであるウォルマートは、顧客が同社の公式アプリで支払えるようにするため「ウォルマート・ペイ」を導入し、成功した。同社によれば、導入後数カ月で、このソリューションを試してみた消費者の八八パーセントが、その後の買い物の支払いにもアプリを使用している。上述のとおり、スマートフォン決済ができれば、小売業者は店内どこでも顧客による支払いを処理できるので、レジが占める物理的スペースを縮小できる。実際に、一世紀以上にわたって変わらなかった店舗モデルを見直すことも可能になる。

こうしたなか、マスターカードとVISAカードが、より革新的でありながらシンプルかつ自然な決済方法の提供に意欲を見せている。デジタル決済の世界的リーダーである二社は、自社のクレジットカード保有者が、顔認証など生体の特徴で決済できる機能をスタートさせ、現在も機能の向上を続けている。指紋認証システムとは異なり、同二社は、声による認証や顔認証など、より自然に売買を完結させる可能性を利用者に提供しようとしている。こうした例は、**とくに若い世代の消費者が習慣的に使用する技術を認識し、新しい社会的動向を分析することで、購買経験をより良いものにする新たなソリューションを創造できる**ことを示している。これらのいずれの領域でも、技術はあたかも当然のことのように、つまり不可視に経験される。小売業者は、こうした技術によって、顧客との新しいタイプのインタラクションをつくり出し、店舗内における購買経験のフェーズを再定義できるのである。

不可視の技術の適用は、顧客の購買行為に肯定的に作用することはもちろん、店舗内で働く人にも恩恵をもたらすはずである。とりわけ機械的な作業や反復的な作業などの販売プロセスをデジタル化すれば、販売員はそれに伴う業務から解放され、より付加価値の高い業務に取り組める。実際、店舗ではスタッフが買い物客に説明をするなどの接客に従事し、心のこもったリレーションシップを創造できるかもしれない。

「不可視であれ」の法則に関する解説の結びとして、アマゾン・ゴーについて考察してみよう。これは、格別に意味のあるケースである。まずベータテストが、二〇一七年初頭にシアトルで、来店者を現地在住の従業員のみに限って実施された。その後、ジェフ・ベゾスが経営するアマゾンの名が記された最初のスーパーマーケットは、二〇一八年初頭に一般向けにオープンした。消費者が入店するには、アマゾンのアカウントとアマゾン・ゴーのアプリ、そしてもちろんスマートフォンが必要である。消費者は、回転ドアを通るだけで入店が認証される。ひとたび入店してしまえば、見掛け上は普通のスーパーマーケットである。しかし、大掛かりな技術システムの使用によって、約一七〇平米のスペースは世界に唯一無二のものとなっており、比類ない経験を利用者に与えてくれる。まず見てすぐにわかるのは、精算のためのレジもなければ、レジに配置される人員もいないことだ。〝ジャスト・ウォーク・アウト〟と呼ばれる技術で、来店者は入店した回転ドアから出ればいい。クレジットカードを引っ張り出す必要すらない。

実際にアマゾンは、顧客が店舗から出ると、購入した商品金額の合計をダイレクトにその人のアカウントの該当ページに記入する。それを可能にしているのが、マシン・ラーニング、コンピューター・ビジョン、センサー・フュージョンの技術の総体である。これらは棚や天井に隠されていて、購入者の移動と動作のすべてをとらえている。商品がいつショッピング・バッグに入れられたのか、または考えた末に棚に戻されたのかがわかる。このプロセスで収集された情報によって、システムがアプリ上のバーチャルのカートの中身をリアルタイムで更新する。フィジカルの世界とデジタルの世界が完璧につながり、いつの間にかシンクロしているのである。精算に従事する人員がいないからといって、店内に従業員がまったくいないわけではない。アマゾンでは、購買プロセスの自動化を進める一方、購買経験の向上を目的とした場合に、レジ前に立つよりも重要な業務に携わる人員を雇い入れている。従業員は、継続的に商品陳列をしたり、顧客の品選びをアシストしたり、時には技術的なトラブルに対処したり、アルコール類の購入希望者の年齢を確認したりする。

これは、われわれが提案する〝不可視〟のアプローチを代表するパーフェクトなケースである。先に述べたように、**技術と技術によるサポートは目的ではない。数種のフリクションを排除しつつ、購買行為と購買経験の簡素化を目指した手段なのである。**アマゾン・ゴーでは、利用者に認知的努力が一切求められない。サービスのために予《あらかじ》め用意されたシンプルなアプリを使い、自然な行為をすればよいのである。

アマゾン・ゴーのようなケースは、ヒントを得られる好例として注目に値する。一方で小売業者は、活用しようとするツールのコストと利益の関係を分析せずに、技術的進歩を追い求めることは避けなくてはならない。繰り返し強調してきたが、技術的ソリューションは、買い物客の現実的なニーズに応え、購買経験が向上するために考案・実現されなくてはならない。ところが、単に見た目に美しいだけの施策や、複雑すぎて小売業者にとってマイナス投資となってしまう仕掛けに手を伸ばすケースがあまりにも多い。たとえばＲＦＩＤにしても、デカトロンではうまく使いこなしている。しかし、グロサリー分野の精算をスピードアップするうえで、唯一の解ではあり得ない。収益率が低いカテゴリーで、低価格商品にインテリジェント・タグを付けるコストは、せっかくの技術を無用の長物にしてしまう。しばしば、**技術的には並外れた能力をもつソリューションが、ある種のビジネスにおいて不適切なのは、投資に対するリターンがプラスにならないという、ごく単純な事実ゆえである。**

技術について語るときは、社会・文化的ファクターも基本的な要素である。小売業者は、新たなツールまたは経験の提案対象となる人々に加えて、その文脈を知る必要がある。革新的なソリューションがきわめて魅力的だからという理由だけで、信頼してしまう過ちを犯してはならない。技術が〝ニュー・ノーマル（新しい常態）〟となるためにはアーリーアダプター（早期採用者）の壁を越えなければならないが、典型的なアーリーアダプターは消費者のせいぜい一〇〜一五パーセントに過ぎない。あるいは、特定の技術がより成熟した段階になるのを待つという選択肢もある。往々にして、成熟に伴い初期費用は低下し、技術と人々との関係も成熟していくものだ。

したがって、技術イコール革新的ととらえてはいけない。しかし、われわれが述べてきた主張が守られるならば、技術と革新的であることの一方が他方を生み出し、長期的には競争優位をもたらすことができるが、守られなければ手段と目的の間に危険な齟齬《そご》が生じてしまうというリスクがある。

シームレスであれ

Be Seamless

2

「誰もシンフォニーを口笛で吹くことはできない。オーケストラが必要なのだ」

H・E・ルコック

多くの人にとって、スマートフォンは世の中を見る主要な〝スクリーン〟の代表である。人々はこのフィルターを通して、製品・サービス・人間関係・体験にアクセスする。スマートフォンはいついかなるときもそばに寄り添う相棒であり、眠るときでさえそばに置いておく。もはや人体の付属器官とみなせるほどだ。データがそれを証明している。スマートフォンの画面は一日に平均一五〇回オンにされ、一日の平均使用時間は一七七分である。つまり、一度の使用時間の平均は一分一〇秒だ。人々が即時に便益を得ようとして、タイムリーなインタラクションを求めていることがわかる。たとえば、重いウェブサイトの読み込み時間に対する人々の許容度は低くなり続けている。特定の情報を探そうとして、時間をかけて幅広くインターネットに向き合う余裕も減り続けている。結果として、大抵はどこか別のページを見にいってしまう。

スマートフォンは、あらゆる面で人々のパーソナル・メディアとなった。スマートフォンによって、人々は常につながっている。すべての人が、他の誰からも企業からも到達できる対象となったのだ。この点に、近年のイノベーションにおける最も破壊的な側面の一つがある。ブランドと個人が継続的に双方向のコミュニケーションで接続されている。これは、断じて過小評価してはならない変化である。企業や販売者が、購買まで進む可能性が高い見込み客に、初めてアクセスできるようになった。それも、集団というより個人個人の期待に合致し得る基準を用いてアクセスできるのだ。消費者も、購入可能な製品とサービスに関するすべての情報を掘り下げて調べることが、初めて可能になった。

常に手にしているモバイル機器によって、デジタルとフィジカルが融合し、人々は二つの世界が補完し合うハイブリッドの現実を体験できる。二〇〇七年に初の真のスマートフォン、iPhoneが発売されるまで、二つの世界は別物とみなされる傾向があった。実際に、この機器を〝スマート〟と呼ぶのは、まさにネットワークとの接続を可能にする能力ゆえである。ネットワークとの接続によって、さまざまなサイトやアプリケーションとインタラクションできる。そして、サイトとアプリケーションは、人々の生活に一層密着したサービスを発信できる。

つまり企業は、顧客が継続的に顧客どうしでつながり、企業自体ともつながっている環境で行動する。人を引き寄せる方法が多様化しているのである。さらに、過去一〇年間、ブランドと顧客とのタッチポイントが顕著に増殖していくのを目の当たりにしてきた。まさにスマートフォンによって、顧客どうしがつながっている状態になったためである。

小売業界も、否《いや》が応でもダイレクトにこのシナリオに巻き込まれている。現にスマートフォンは、ショッピング・アシスタントそのものとなった。人々が探す情報は、大抵クリックすれば手に入る。ニーズが発生した、まさにその瞬間にあらゆる情報にアクセスできるという事実は、消費者にとって大きな力であり、ブランドにとっては大きなチャンスである。スマートフォンは、製品を探してすぐに購入するための基本的なツールになっただけではない。店舗内でも幅広い利用方法がある。消費者の四八パーセントが価格を比較するために、四一パーセントが製品の技術的特徴を知るために、三七パーセントがクーポンや割引チケットがないかを確認するために、スマートフォンを使用している。そのうえモバイル接続はネット検索を可能にし、より多様なチャネルとプラットフォームで製品の予約や購入を可能にする道を開いた。おかげで消費者は、あらゆる方法で時間と労力の節約ができるようになっている。

したがって小売業者は、顧客の購買プロセスをデザインし、計画し、加速させるソリューションを実現することによって、顧客それぞれに適した状況で購買ができるようにしなくてはならない。

その結果、カスタマー・ジャーニーは数百に及ぶプロセスに細分化されるという事実に直面する。グーグルは、これを**マイクロモーメント**と名付けた。今日、消費者のハート・マインド・財布をつかむための〝戦い〟の勝敗は、マイクロモーメントのなかで決まっている。決定プロセスにしても、消費者の選好形成にしても、マイクロモーメントが購買に関する振る舞いを決定的に変化させてしまった。

小売業者の環境にも影響が及んでいる。**リアル店舗における販売量が減少する一方で、リアル店舗に出向く人のうち購買を決める人のコンバージョン率（転換率）は、かつてより高まっている。**なぜなら、人々にとってリアル店舗が、ブランドとのきわめて拡大したリレーション・プロセスの頂点となったためだ。人々は、店舗の敷居をまたぐ前に製品についてリサーチするようになっている。現に、今日の消費者が第1章で述べたカスタマー・ジャーニーの五つの〝A〟をたどるなかで、アクセスするブランドとのタッチポイントとチャネルの数は増え続けている。さらに、現代のシナリオにおけるマルチメディアおよびマルチチャネルの設定は、小売業界で二つの特殊な現象を形作っている。ショールーミングとウェブルーミングである。**ショールーミング**は、リアル店舗で始まりオンラインで完結するプロセスを指す。逆に**ウェブルーミング**は、オンラインで生まれ、情報探索し、リアル店舗で購買を終了するプロセスを言う。この二つの概念は、購入というミッションに着手しようとする人々がさまざまなプロセスを表している。人々は往々にして、何度もフィジカルなチャネルとデジタル上のチャネルとの間を行き来する。

二つのプロセスの特性を掘り下げてみると、製品とサービスの特徴との関連も含め、消費者を動かす複数のニーズと動機をとらえることができる。ショールーミングの場合、消費者は製品との物理的な接触や販売員のアドバイスを受けることなどを好み、リアル店舗を見て歩く。その後、インターネット上でより手頃な価格で入手できることに気付くと、オンラインで探し、eコマースで購買を完結させる。彼らにとってリアル店舗は、あらゆる意味で単なるショールームである。

一方、ウェブルーミングの場合、消費者はウェブサイト上で自分に合った製品について検索し、情報収集し、リアル店舗で購買経験を遂げる。この選択は、オンライン取引に対する信頼の欠如と言えるかもしれない。あるいは、専門家の助言を求めているのかもしれないし、製品に触れてみたいのかもしれない。先に述べたように、人々はリアル店舗での探求とオンラインでの確認を繰り返しながら、この二つの間をしばしば行ったり来たりするという事実がある。

テレビの購入をイメージしてみよう。まず、価格とモデルを比較するサイトを見る。自分のショートリストの用意ができたら、リアル店舗に向かう。気になった特徴を実際に見て、自分の選択が正しいと確認するためだ。その後、他のユーザーのコメントを読むことを目的に、オンラインに戻るかもしれない。ここに至って、製品に関する疑問が生まれれば、メーカーまたは選択した販売店に電話を掛けたり、顧客サービスのチャットボットとインタラクションしたりすることもできる。

最終的な決定を下すために、あるいは望んでいる初期設定コストを聞くために、リアル店舗に戻るかもしれない。それでも、出費を抑える方法を探したり、より良いアフターサービスの可能性を求めたりして、再びウェブサイトに戻ることもある。つまり企業には、このように複雑なことを効率的に一貫性をもって管理しなければならないという大きな困難がある。

高関与型の購買は、決定プロセスの長いことが特徴である。最大限の確認の行為が必要であるため、ユーザーは、情緒不安定なほどに複数のタッチポイントの間を行ったり来たりする傾向がある。人々のこうした性向を満足させる興味深い取り組みが、BMW UKで実施された。このドイツのブランドは、人々がスマートフォンで購買プロセスを開始できるソリューションを開発した。雑誌やポスターでBMWの車を見つけた潜在顧客が画像をフレームに収めて読み取ると、自動的に専用のミニサイトが表示され、該当する車の特徴を知ることができる。視覚的認知プロセスを可能なかぎり簡単かつ効率的にするため、BMWは、毎月一億人以上が利用する世界で最も有名なアプリの一つを開発したシャザムをパートナーとして選択した。

BMWのアプリは、ユーザーをプラットフォームに〝着地〟させるように作られている。後日、車をカスタマイズすることになった場合にユーザーを支援できるし、オーダーを一〇分以内に完結させることもできる。また、たとえ購入にまでは至らなくとも、このアプリによってBMWは顧客をカスタマー・ジャーニーのより進んだ段階へと踏み込ませることができる。情報を尋ねるために近くの販売店に行くよう促し、時にはそこで売買が完結するかもしれない。
販売チャネルに対する人々の無関心が増している（これについては後ほど詳述する）。こうしたなか、BMWの例は、さほど遠くない将来、伝統的に長く複雑だった購買プロセスがきわめて短時間で終わるようになる可能性を示唆《しさ》している。フィジカルの次元とデジタルの次元が完全に補完し合う方向に進んでいるためだ。したがって、**ショールーミングとウェブルーミングは、フィジタル・マーケティングと名付けられたものの表れとして定義できる。フィジタル・マーケティングは、ブランドと人々の間のシームレス・インタラクションを促進するため、フィジカルとデジタルを交配させる力学である。**

オンライン・チャネルとオフライン・チャネルの相互補完は、小売業界の未来に向けたカギである。伝統的に別物とみなされていたこの二つの世界の障壁を打ち破ることが、あらゆる販売者にとって必要である。**今や人々とブランドの関係は特定のチャネル上に限定されないため、〝カスタマー〟と〝デジタル・カスタマー〟に違いはない。**技術は空間も時間も横断し、デジタルのコンテンツまたはサポートと、フィジカルの間の違いは目に見えなくなった。小売業者には、変化と歩調を合わせることが求められている。オンラインとオフライン、そしてその間でスムーズな経験を創造するという大きなチャンスが生まれている。消費者がそれを求めているのである。現代の買い物客は、自分に適した経験を望んでいる。つながっていると感じていたいので、いかなる境界にも閉じ込められたくない。隔絶された状態、曖昧《あいまい》なこと、自分の目的を実現できないことには、もはや耐えられないのである。

ここでわれわれは、「シームレスであれ」という法則の中核テーマに入ろう。人々は、コミュニケーションし、情報収集し、そして購買するチャネルに〝依存しない〟態度をとるようになってきている。現代の消費者は、われわれが**オンライフ・コマース**と定義する経験を望んでいる。オンライフ・コマースにおいて、購買は、買い手と売り手のあらゆるタッチポイントを価値化するとても広範なリレーションシップ・プロセスの最終的な一部分に過ぎない。小売業者は、自分が向き合う相手をショッパー・オブ・ワン、すなわち消費者・顧客・ユーザーの役割を一つにあわせもつ人とみなし、シームレスな（つまりフィジカルとデジタルのタッチポイントの間に断絶のない）経験を提供するよう努めなければならない。

今日ブランドが提供できるデジタルとフィジカルのすべてのチャネルは、一つのエコシステムに融合されなくてはならない。消費者中心の時代に、消費者は常に有意義で適正なブランド経験を求めている。しかも、タッチポイントにおいて、そのつど湧き上がる要求に合わせて調整された経験である。

企業のなかでもとくに小売業者は、マルチチャネルではなく、オムニチャネルのアプローチを採用することが求められている。それは、どういうことか。**マルチチャネル戦略**とは、カスタマー・

ジャーニーにおけるブランドと人々の間のインタラクションと売買を可能にするさまざまなチャネルの使用を意味する。このシステムは一般的に、〝理想的〟なカスタマー・ジャーニーを消費者がたどるよう誘導することを目的に、補完的なプロセスと精緻《せいち》な施策によって運営される。マルチチャネル・システムの弱点は、複数のチャネルをまたぐ相互接続を欠いていることだ。往々にしてチャネル間で一貫したコミュニケーションが図られず、シナジーが生まれない。それぞれ異なる目標と達成すべき重要業績評価指標（ＫＰＩ）をもち、別々に管理される傾向がある。そのため、社内の複数の部門間でカニバリゼーション（共食い）が起こることも珍しくない。

結果として、資源と機会の大きな浪費となる。たとえば、オンラインで購入した靴をリアル店舗で返品しようとしたら、「それはできません」と言われることがこれにあたる。あるいは、特定モデルの製品が特定のリアル店舗にあるかをオンライン上で調べたときに、一つの会社内のことでありながらシステムが分かれていて、在庫情報がわからない場合もそうだ。

一方で、**オムニチャネル・システム**は前述のコンセプトの発展型で、異なるチャネルが融合するよう、その存在と本質を見直したものである。一つのブランドの別々の部門として、多様なタッチポイントを用意するのではない。オムニチャネルのアプローチでは、チャネルごとに特性がありながらも、人々は各チャネルを通じてブランドを経験できる。強みは、顧客経験における〝包括的〟な視点という普遍性である。**事実、その目的はもはや売買を発生させることではなく、もてるすべ**

人々は、
コミュニケーションし、情報収集し、
そして購買するチャネルに
〝依存しない〟態度を
とるようになってきている。

てのチャネルを通じてシームレスな経験を展開することにある。このスキームに則《のっと》って進めれば、タッチポイントは、単にブランドの一部分とのリレーションシップに限られるのではなく、ブランド全体との直接関係を築く機会となる。そして、チャネルどうしは一貫性をもって互いに強化し合う。

　オムニチャネル・マーケティングでは、明確かつ広範なブランド経験を提供できるように、システム内の複数のタッチポイントを結び付ける。このとき各チャネルは一つのツールに過ぎないが、人々のエンゲージメントとエンパワーメントに基づいていて、人々とブランドとの継続的なリレーションシップを強化する。（全体として）オムニチャネルのエコシステムという一種の枠組みを形成するので、そのなかで売り手は顧客にとっての価値を創造する体系的な思考ができる。すべてのタッチポイントとチャネルを活用することで、ブランドはシームレスな購買経験を提供できるようになる。人々が、空間的・時間的制約を受けずに、ブランドを経験することはめったにない。現に、異なる状況の総体として経験するのであり、各瞬間を合計した全体から意味が生じるのだ。したがって、各タッチポイントを消費者とのリレーションシップにおいて、より高いレベルに誘導する機会とみなす必要がある。

　効果的に考案されたオムニチャネルの経験において、人々が見ているのはチャネルの多様性ではなく、企業から提供されている単一の〝サービス〟である。したがって、複数のチャネルとタッチポイントの集合体は、一つの連続体へと姿を変えなくてはならない。それを実現するためには、オムニチャネル・システム全体として完全なものとなるよう、システムの各要素を向上させる必要がある。さらに、メディアではなくメッセージに注力することで、ブランドはより自然な形で重要な経験を提供できる。

顧客はブランドと接点を有するとき、常にそのブランドの本質からぶれない一貫した経験を期待している。さまざまなチャネルを横断的・統合的・継続的に使用しつつも、顧客が違和感を覚えることのない経験である。オムニチャネル戦略では、物事を簡易化する技術が基本ではあるが、サービスの利用可能性はそれを超えて最優先される。まさにわれわれが提案する「不可視であれ」の法則のとおりだ。目標は、消費者が個人であることを認識し、経験を統一することである。ブランドと小売業者は、チャネルの多様性を特徴とするシナリオのなかで、一貫性をもった自社の提示に失敗することがあまりにも多い。だからこそ、マルチチャネルのアプローチを超えて、オムニチャネルのアプローチに移行する必要がある。フォーマットとチャネルという枠組みを超えて、ブランド経験を高めるためである。

重視するすべての瞬間を確実にする戦略を策定するには、ブランドと小売業者は、人を動かす意志と、意志が固まっていく経緯に焦点を当てなくてはならない。そうすることによってのみ、数々の小さなワオの瞬間がブランドの大きなストーリーのなかにちりばめられ、人々のなかでブランドのもつ意味が増幅される。インタラクションの一つ一つが、既存の関係を強化したり、新たな関係を形成したりする機会なのだ。各ユーザーを魅力的かつ誠実なエコシステムのなかに取り込むことで、ブランド・プロミスは具体的で生き生きとしたものとなる。用意された各チャネルにはブランドのオーラが映し出され、インタラクションの価値が高まるのである。**ブランドのエコシステムは、自然のエコシステム同様、継続的に適応していく必要がある。エコシステムを構成する各要素も同じで、全体としての秩序を設定し、共生関係を創造し、それぞれが特定の機能に特化していく。**

　これからの小売業者にとって、気付かないうちに遍在する総合的なエコシステムの構築は必須である。シームレス・コネクションの創造は、オンラインの世界とオフラインの世界の融合を最大限に利用することを意味する。あらゆるチャネル間でシームレスな経験を人々に提供するために、リテール戦略を見直すとともに、コンテンツと利用可能性の観点から各タッチポイントの特性を尊重しつつ、部分の単なる総和を上回る価値を生み出さなければならない。これらのすべてを、人々がタッチポイントと関係を結ぶのではなく、ブランドと結ぶということを意識しながら、顧客経験にフォーカスして行わなければならない。

　オムニチャネル・リテーリングの実務面では、いわゆる〝常につながっている消費者〟が、メッセージ・製品・価格などを一元管理するデータベースに接続しているショッピング・チャネル上で動ける環境を整えなくてはいけない。マーチャンダイジングとプロモーションは、一つのチャネルで行うのではなく、あらゆるチャネルで実施できるようにする。小売業者にとって重要なのは、顧客が来店を希望し、来店を最高のものにするのに適したデジタル・ツールの提供である。在庫管理システムを統合し、オファリングが在庫状況とシンクロして矛盾がない状態を目指さなくてはいけない。そのように構築されたオファリング検索システムの供給によってのみ、チャネル間におけるカニバリゼーションを避けることができる。

オムニチャネル・マーケティングは結果が出やすい。インターナショナル・データ・コーポレーションの調査によれば、オムニチャネルの購入者は、一つのチャネルの購入者に比べ、顧客生涯価値が三〇パーセント程度高い。アメリカの大規模小売店チェーンの代表格メイシーズは、企業にとってこのような購入者は、単一のチャネルでインタラクションする購入者の八倍の価値をもたらしていると算出した。数多くの選択肢があれば、顧客はより関与し、何かが欲しくなったまさにその瞬間に、好みの方法で商品を購買するのである。この事実が、上述の算出の根拠となっている。

世界三四カ国で二五〇〇以上の店舗をもつ化粧品店チェーンであるセフォラも、社内で最も大きな障壁の一つを壊す必要性に気付いた。リアル店舗に従事する人員とデジタル・チャネルに従事する人員を分断する障壁である。高級品分野の世界的リーダー、LVMHの傘下にあるこのフランスのブランドは、顧客のショッピングにおける新たな性向への適応を目的に組織を見直し、デジタルのチームとリアル店舗のチームを統合した。その後、経営陣はカスタマー・サービス部門も統合することを決めた。この決定によって、さまざまなチャネルとタッチポイントにおける経験とオファリングだけではなく、ビジネス・パフォーマンスを計測・評価する方法も再定義された。

現在、この動きがもたらした最大の長所は、消費者を三六〇度包囲する総合的な新しいプロファイリングであるだろう。クロスメディアの購買履歴、リアル店舗への来店、従業員との交流、オンライン検索などに関するデータなどが含まれている。これらを基に、顧客の行動を正確に再現でき、顧客を観察し、関与させ、購買に導くためのより良い選択肢を戦略的に決定できる。つまりセフォラは、すべてのチャネルで堅固なリレーションシップの創造を狙っており、最大限のシナジーを利用しようとしている。以前は各部門が異なるビジネス目標の最大化を追求していたので、それが不可能であった。社内が首尾一貫して整理されたことで、外部の消費者に対しても首尾一貫した対応がとれるようになっており、これからも向上していけるだろう。

ザラにも、相互補完的な革新的購買方法を示す興味深い例がある。スペインのファスト・ファッションの巨人である同ブランドは、ロンドンにポップ・アップ(期間限定の)店舗を開設した。好みのうるさい固定客のあらゆる欲求と必要性に、ユニークなリアル店舗で応えるためだ。巨大なショッピング・センター、ウエストフィールド・ストラットフォード・シティのなかにあり、面積は二〇〇平米。この店舗では、オンラインでオーダーした商品を当日中に受け取れ、返品や交換にも対応し、スマートフォンでの支払いもできる。そのうえ、RFIDを備えた〝インテリジェント〟

な鏡で、顧客が試着した服のサイズの在庫やコーディネートを提案した。店内には、紳士用および婦人用の衣類とアクセサリーの幅広いコレクションがあり、その場でも購入可能で、支払いはブルートゥースでアクセスする専用アプリで処理できた。

期間限定だったので、この店舗は二〇一八年五月に閉店したが、同様の空間が新たな旗艦店に引き継がれている。現に、四五〇〇平米の新店舗には、婦人服・紳士服・子供服のエリアに加え、同分野で他に例のない〝オンライン・エリア〟があり、二カ所の倉庫とつながっている。倉庫ではロボットが同時に二四〇〇箱の荷物をさばいている。さらに、顧客はeコマースで購入した商品を受け取ることができ、支払いはザラまたはインディテックスのアプリ、あるいはInWalletというアプリを使用して、スマートフォンでできる。

オムニチャネルによる相互補完のもう一つの好例がラニエリである。同社は二〇一一年に設立され、オーダーメイドの紳士服を扱っている。完全にイタリア資本のeコマース企業のなかで、今やナンバーワンとなっている。スタートアップのフェーズを乗り越え、現在、世界五〇カ国以上に展開し、年々成長を続けている。同社の成功の秘密は何だろうか。オムニチャネル戦略と、人体のサイズを分析する革新的なアルゴリズムによって、パーソナライズされたサービスを提供しており、技術と伝統を融合させた質の高いテーラーメイドの一着を、顧客がシンプルな方法によって自分で作れることである。

このように、ラニエリは先端のオンライン・プラットフォームを備えているが、オフラインのプレゼンスにも投資をしている。イタリア国内外の主要都市にアトリエを開設したのだ。理由は単純である。最難関の複雑なファースト・コンタクトを、オフラインでも経験できる選択肢を顧客に提供するためである。顧客はそこでスタイルに関するアドバイスを受けたり、直接製品を体験したりする。したがって、顧客のデジタル・プロフィールはリアル店舗でつくられる。以降、顧客はよりシンプルかつ自然にインターネット上でのジャーニーを進むことができる。

ベラスカもデジタルから出発したオムニチャネルの相互補完の興味深いケースである。イタリアのスタートアップ企業で、〝メイド・イン・マルケ州（訳注：イタリア中部に位置し、多種多様な伝統工芸品が残る地域）〟の靴だけを、幅広いラインナップで国内外の市場に提供している。同社はまずピュア・デジタル・プレーヤーとして出発し、その後、期間限定の店舗によってリアル市場で実験を進めた。自社の価値提案がどの国で評価される傾向にあるかを明確にするため、店舗を設ける都市の選択には、ミクロ経済分析に加えてウェブサイトとソーシャル・メディアのウェブ解析も活用した。タッチポイントのチャネルと購買のチャネル以外に、同社では、顧客はシングル・カスタマー・ビュー（統合された顧客ビュー）の原則に従って認知・支援される。フィジカルとデジタルのシナジーを最大化し、人々とブランドの関係をシンプルにするためである。

ベラスカでは、いまだｅコマースの売上高が全体の三分の二を占めるが、リアル店舗はタッチポイントとして、なくてはならない存在である。ブランドに堅実さを与え、多くの顧客がソーシャル・メディアで表現しているように〝リアル〟で〝信頼できる〟ものとなるからだ。同社は、今後二年間に世界各国の首都で八店舗のオープンを計画している。製靴《せいか》分野でイタリアのスタイルと職人技術、そして革新性の価値を高めるという目標に向け、決然と進んでいる。

われわれが主張する「シームレスであれ」の法則の締めくくりとして、小売業界を動転させた出来事に触れないわけにはいかない。アマゾンによるホールフーズ・マーケットの買収である。ホールフーズはアメリカの食品スーパーで、アメリカとカナダとイギリスに四七〇以上の店舗を有している。二〇一七年六月、ジェフ・ベゾス率いるアマゾンは、一三七億ドルを投じて同社の買収を決めた。アマゾンはこの行為で、消えない足跡を刻み始めた。これは、アメリカのグロサリー市場で最も有名なプレーヤーの一社とシームレスに統合し、デジタルのみで勝負していた構造を全面的に捨てる意欲と読み取れる。顧客経験のスタンダードが、再定義されたのである。いつも行くホールフーズ・マーケットに消費者が出向く。新鮮な食品を購入し、多少の衝動買いもする。精算時には〝定期契約〟しておいた商品を受け取ることもできる。アマゾンから定期的かつ自動的に提供される商品である。このような購入経験は、オンライン上の消費に関する統計学的分析の蓄積と物流管理、また地理的に広大なテリトリーに保有する多数のリアル空間によって可能になっている。

これらのオペレーションによって、アマゾンはホールフーズ・マーケットでプライム会員向けのサービスを統合できるようになった。しかも、都市部にプレゼンスの高い高級小売店チェーンを買収したことで、堅固でフィジカルな構造を既存のサービスに付け加えることができた。つまりアマゾンは、ハブアンドスポーク方式のアプローチを強化したのである。拡大していく商品ラインナップを、より高い即時性をもって提供できるようになり、アマゾンのブランドは、オンラインの世界とオフラインの世界の間でシームレスに人々の日々の購買経験に一層統合されていく。

まとめとして、**マルチチャネルはインサイド・アウトのアプローチ**であるといえる。企業とブランドは、さまざまなコミュニケーションのチャネルで活動を計画する。そこでベースとするのは、自社の優先順位と、各チャネルにおける消費者の行動に関する独自の視点である。一方、**オムニチャネルはアウトサイド・インのアプローチ**で、顧客経験全体を優先して、活動計画を立てる。そこでベースとなるのは、消費者の好みである。「はじめに」で述べた、企業の世界と人々の世界、発信する側と受け取る側のパワーバランスの変化は、事実、はっきりと表れている。

上述の企業の経験は、**オムニチャネル化が従来型の企業も採用できる施策である**こと、経済的リターンを生み出せるものであることを示している。しかしながら、オムニチャネル戦略には莫大《ばくだい》な負担を要することも軽視してはならない。先に述べたような利益を切に望むなら、技術への投資と従業員教育が必要だ。新たな専門性も獲得しなくてはならないし、関連するさまざまなプレーヤーと提携することも必要となる。管理者には、短期間に成果を上げなくてはならないという責任もある。こうした困難が、結果として、多くの企業を身動きがとれない状態にしている。そこまでいかなくとも、現実的な必要性に照らして、部分的に対処するだけの戦術的施策を採用するほかないこともある。われわれは、本章の終わりに「エクスポネンシャルであれ」と「勇敢であれ」という法則を設けた。そこでは、自社の組織の複雑さにはまり込むリスクを低減することで、小売業者がデジタルトランスフォーメーションを受け入れられるようになる道筋を紹介している。

目的地であれ

Be a Destination

「人々は製品やサービスを買うのではない。
リレーションシップ、ストーリー、魔法を買うのだ」
セス・ゴーディン

オンライン・チャネルが成長しているが、だからといって、オフライン・チャネルにすべて取って代わることはあり得ない。本書をここまで読み進めれば、それがはっきりしてきたのではないだろうか。「見ることは信じることだ。人々がまず製品を試したくなるようにしなくてはならない」。シャオミの副社長はこう考えている。eコマースが支配的な時代にあって、中国のエレクトロニクス分野の巨人が、早期に世界で二〇〇〇店舗を目標に出店計画を開始したのも気まぐれではない。ただし、リアル店舗が今も戦略的に重要であるなら、リアル店舗ならではの新たな機能を果たすように展開すべきである。当然のことながら、消費者は製品との物理的な接触を求めていることが多い。だが、単なる商品陳列をベースにした購買経験の提案は、もはや十分とは判断されない。リテールの新しい概念におけるリアル店舗の役割を理解するには、何よりもまず、買い物をしようとする消費者がとる行動の破壊的な進化をいま一度掘り下げてみる必要がある。

多くの場合、人々は財ではなく意味を購入している。情緒的・心理的・社会心理的領域の何らかの理由があって、製品やサービスを選ぶ。現に、購買経験は複雑さを増している。製品とサービス、そして多様なプロセスや他の人々が絡み合っている。そこにはフィジカルの空間もデジタルの空間も取り込まれている。消費者としてのわれわれは、経験の質に応じて、ある製品に対し、より多く支払ったり、出費を控えたりする。購買という行為は、今日、しばしば抽象的で無形の価値を提案するブランドまたは小売業者に、金銭を伴う信任の一票を投じることで締めくくられる。〝差別化につながる〟価値は、カスタマー・ジャーニーにおける無数の要因や瞬間のなかにある。

購買選択が〝製品の技術的優位〟だけに基づいて行われていた時代は過ぎ去った。そのため、販売者には、オファリングと共に、販売者自身を表現し、人々の精神と心をつかむストーリーを語ることが要求されている。実際に、製品に結び付いた経験は、今日、製品そのものよりも重要になっている。オーダーメイドのブティックに入って体験する文脈を考えてみるといい。顧客にとって、生地の仕上がりや服の仕立ての巧みさなどは、当然触れることのできる価値である。だが、競合他社のオファリングとの差別化は十分ではないかもしれない。決め手となる行為は、顧客に対し特別な配慮を示し、価値を伝えられるような独自の環境のなかで、製品やサービスを提案することだ。要するに、今や、何を購入し、何を消費するかを人々に告げるのは経験なのである。

過去三〇年間、このようなトレンドに従って、マーケティング戦略はコミュニケーションと販売に関する伝統的なパラダイムから次第に遠ざかってきた。そのなかで、雑然と育んできた非物質的な要素を、製品に盛り込もうとしていた。今日その要素は、実際に、ビジネスのなかに価値を創造するための主要な原動力の一つとなっている。**消費者は、購買の段階で常に新しい刺激を求めている。店舗に入るために、そして特定のブランドまたは製品を初めて、もしくは毎回選択するために、関与・感動・動機を求めている。**

ビジネスを支援するためには、顧客の感情と経験という側面が決め手になるという理論に基づいて、近年、CSE（カスタマー・ショッピング・エクスペリエンス）にフォーカスしたマーケティングの考え方が発展した。CSEの目標は、消費者が店舗内で有意義な瞬間を経験できるようにすることである。このとき購買は、きわめて豊かなプロセスの終着に過ぎない。今日、何を買うかを決定する行為において競合する要因は、たとえば気持ちの移ろいやすさだとか、強い好奇心といったものだ。製品やサービスに向かうジャーニーは〝見る―買う〟の一瞬で終わることもある。

それは、コモディティ（製品特性のため、あるいは当該分野の社会的文脈のなかで特徴を失ったために、潜在顧客の目には競合製品との差異がなくなった製品）において頻繁に起きている。だが、

購買という行為は、今日、

しばしば抽象的で無形の価値を提案する

ブランドまたは小売業者に、

金銭を伴う信任の一票を投じること

で締めくくられる。

紆余曲折《うよきよくせつ》しながら進む長いプロセスを呈することもある。プロセスが成熟していく過程では、多様なインプットが加算されていく。したがって、一つのチャネル、あるいは一つのタッチポイントにおける業務を、他から切り離されたものとみなしてはならない。あらゆる要素の相互補完性を評価する必要がある。

その場で販売につながらないタッチポイントであっても、有効性がないと判断すべきではない。他とは異なる側面から人を刺激し、将来の購買につながる前提を徐々に植え付けているかもしれないからだ。**現在、リテールとは、商品を消費者のバッグに入れさせることではない。長期にわたって継続する消費者とのリレーションシップをクロス・メディアで築き、後に、その消費者に最も適したタイミングと方法で利益を回収する。まずこれを理解することが基本となる。**

さまざまな調査によって、リアル店舗の再生が急務であることが示されている。リアル店舗再生のためのプロセスでは、店舗の機能に関する従来の考え方を根本から見直し、カスタマー・ジャーニーにおける新たな役割をデザインすることになる。**消費者がリアル店舗内で期待や欲求を変化させる様子を注視すると、店舗の目的は売買であるはずだという公理の衰退を見て取れる。**実際に、多くの人が店舗を一種の〝娯楽施設〟と見るようになっている。そこは新しい何かを学べる場所、所属感覚、あるいはスタイルや特定の資質などを表現する場所なのだ。そこで新しいタイプの買い物客は、単に購買を完結するというより、気晴らしをしたり、情報を収集したり、楽しい経験を期待しているようである。背景となる一連の経験や、感情領域での経験の重要性は、データで確認できる。

八五パーセント以上の消費者が、思い出に残るような格別の経験に対し、製品のベース価格の四分の一まで多く支払ってもいいと答えている。**このように販売拠点は〝経験拠点〟となり、消費者の認識は行かなくてはならない場所から行きたい場所へと変化している。**店舗は、買い物客にとって、行くことが負担にならず、喜んでそこに滞在したいと思えるような場所、期待に応える経験ができる入れ物でなくてはならない。これこそが「目的地であれ」の法則の意味である。

店舗の再生と新しい機能の起源は、とりわけ、人々の購買品選択の新しい様式への適応という事実に見ることができる。先に示したように、消費者は自身の経験則で動くのはもちろんだが、感情と気分の影響を受ける。買い物をするときは、機能的かつ実利的な選択に必要な情報だけではなく、感覚的かつ娯楽的な刺激を受けることを望んでいる。そして、自分の美的感覚におけるニーズを満たし、(フロイトの)快楽原則に則った満足感を得ようとする。

したがって、製品探索やリレーションシップといった要素は、もはやリテールを補完する部分であり、その場で必ずしも売買に移行しない場合でも価値化されなくてはならない。決定的なこととして、この考え方を受け入れる必要がある。そうすることによってのみ、小売業者は、デジタルがなし得ない方法で顧客の期待に応え、顧客との心情的な深いつながりを築くことができる。短期的な売り上げに比べ、より高い価値を生み出す長期的なリレーションシップを築くのである。

小売業者は、市場から提示されたこの茫漠《ぼうばく》とした課題を把握し、自社の店舗を変化させる戦略の展開に、早急に力を注がなくてはならない。店舗は、ぜひとも訪れるべき〝魔法の〟場所だ。顧客はそこで、自身のアイデンティティ構築のプロセスを遂げられるかもしれない。ライフスタイル・マーケットプレイスと呼べる水準にまで達していれば、人々が自身のアイデンティティを継続的に再確認していくプロセスのなかで、製品またはブランドにつながる世界を探索できる場となるはずである。

経験が中心であると認識すれば、消費者は能動的な参加者へと引き上げられることになる。インタラクションにフォーカスし、実務面では消費者に直接関与させる活動またはイベントを企画したりする。人々の二六パーセントが店舗でのイベントに参加したことがあると表明しており、そのうち五八パーセントが今後その店舗で買い物をしたくなったと言っている。これを基に、いくつかの企業は自社の旗艦店を**ギャザリング・プレイス**、すなわち**集合と共有の場所**へと変化させている。専門的な講座を提供する店舗もあれば、レクリエーションのイベントを開催する店舗もある。スパやフィットネスのエリアを見つけられることさえある。これらのレクリエーション活動を通じて、人々はブランド・イメージを形成するので、小売業者はその便益を認識しているのである。

こういった変化は、次の事実として見ることができる。**現在、購買はどこででも完結させること**

ができ、リアル店舗の特性は別のところにあるということだ。デジタルは、製品の〝発見と販売〟の最初のチャネルという特権を、オフラインの店舗から奪った。このトレンドに適応しない販売者は、旧態依然としたビジョンから抜け出せなくなるリスクがある。逆に、魅力的な環境で人間的なインタラクションを可能にする店舗が、ニュー・ノーマルになるかもしれない。この動きの背景にも、消費者の期待が急速に進化していることがある。「注文した商品を自宅で受け取れる」という期待は、短期間のうちに「無料で受け取れる」へ、今や「数時間で受け取れる」へと変化している。人々の基準が高まり続けているので、情報・会話・顧客への配慮と、高品質の製品・サービスのオファーは相互補完される必要がある。

一例を挙げよう。アメリカで最大のワイヤレス通信事業者ベライゾンは、二〇一三年にディスティネーション・ストアの一号店をオープンした。バーチャルの経験と伝統的な経験との境界を希薄《きはく》化しようとした象徴的なケースである。コンセプト・ストアとしてブルーミントン（ミネソタ州）に開設したが、これにより同社は、ブランド・エンゲージメントを増大させることが可能になった。販売店をインタラクションの空間へと変化させ、モバイル技術が人々の日常の行為を拡大できることを示せるようにデザインされていた。現に今もベライゾンの目的は、デジタル製品とデジタル・サービスの可能性を顧客に教えることにある。また、最新の機器を手にとって機能を物理的に確認できるようにして、顧客の新たな発見を支援している。

このフォーマットのアイデアは、常につながっている消費者に、店舗で記憶に残る経験をしてもらいたいという必要性から生まれた。幅広い製品リストからだけではなく、経験からも選択のヒントを得られるからだ。ベライゾンのディスティネーション・ストアの特徴として、ライフスタイルに関するエリアが複数設定されている。たとえば音楽やスポーツなど人の生活のなかで際立つ要素を中心に、魅力的なアクティビティで買い物客を巻き込みながら情報提供するインタラクティブなエリアである。その一例がデバイス・ウォールだ。小売業界において、消費者を製品の発見に誘導する最も充実したツールである。各機器を壁面につけるだけの動作で、機器の比較ができるインタラクティブな壁となっている。そのインパクトは大きく、同社はアイデアを発展させ、一七〇〇以上の販売拠点をスマート・ストアに変容させた。

　消費者の選択に影響を及ぼす実体のない要素と価値に、決意をもって狙いを定める。その結果、**フィジカルなタッチポイントがブランドを祀《まつ》る〝神殿〟のようになる**というトレンドが生まれている。現に消費者は、いつも人気のある店舗というだけでは満足しない。限定商品の提案にも満足しない。多くの場合、人々はブランドを神格化した空間、ブランドのストーリーを称《たた》える場所に出会うことを求めているのだ。アディダス・ランベースが典型的な例である。このスポーツ用品ブランドは、自社の歴史をボストンの歴史と一体化させた。ボストンは、世界中で毎年開催されるマラソン大会のなかで、最も古い大会を行う都市である。アディダスはここにランニングをテーマとしたショップ兼ミュージアムを設立した。人々はそこでブランドの神髄に触れる。時には、購買や選択をする瞬間に、製品の本質を見いだすこともある。

同様に、自動車メーカーのフォルクスワーゲンはＤＲＩＶＥで栄光を復活させた。一般に開放された四〇〇〇平米のスペースで、現在の製品と付属品と共に、過去のモデルや未来のコンセプト・カーも展示している。同社は、持続可能なモビリティ、芸術的な趣《おもむき》、技術革新が交わる拠点として自らのスペースを表現した。ボルボスタジオ・ミラノも同様である。スウェーデンの自動車ブランドである同社は、新しいタイプの環境でこれを実現した。デザイン性の高い空間は、自然の素材、光の演出、展覧会、ライフスタイル・コレクション、そしてとくに貴重な製品モデルを体感してもらうためのエリアで構成されている。ボルボスタジオ・ミラノはブランドのスタイルを称える神殿であり、多様な空間では人々が出会い、イベントに加わる。業界における技術革新とモビリティに関する新たなトレンドの発信や、芸術的・文化的イベントも開催されている。加えてこのコンセプト・ストアには、ボルボのイノベーションをじっくり観察するバーチャル・リアリティを体験できるエリアもある。プロ向けに製品やサービスを紹介するスペースもあれば、洗練された料理イベントを行うエリアもある。

だが完璧な〝ブランドの神殿〟の例は、おそらくサムスン８３７だろう。韓国の巨人が〝文化的目的地、デジタルの遊び場〟と定義するコンセプト・ストアで、ニューヨークのミートパッキング・

ディストリクトに二〇一六年に開設された。五〇〇〇平米以上の広さだが、そこに従来型の店舗はない。店内で人々は、購買の完結ではなく経験を目的に、トップラインナップのあらゆる製品を見て、触れて、試すことができる。現に、店内で何かを購入できるのは、飲食のエリアだけである。このような選択のベースとなっている考え方は単純だ。各地に点在する小売店チェーンからアマゾンに至るまで、すでに消費者には買い物をするお気に入りの店舗があるので、さらなる従来型店舗は必要とされていない。したがってサムスンは、販売を目的とするのではなく、ブランドの本質と価値を物理的に体現できる空間を造ることにした。そしてでき上がったのが、ブランドの世界に満ちた三つのフロアから成る建物である。

目的は、製品の販売というより、経験を提案する未来型のリテールへと人々を誘《いざな》うことである。サムスン837には、テーマごとに娯楽を用意したエリアがある。店舗は自宅と同じくらい居心地良く過ごせなくてはならない、という考えに基づいている。贅沢《ぜいたく》だがくつろげる環境のなか、顧客は従業員と雑談を交わしたり、スクリーンに見とれたりする。三つの巨大なスクリーンは、五五インチのパネル九六枚で構成されている。人々は七五ある座席に腰掛け、イベントやコンサート、興味のある芸術的なサイトのツアーを見ることができる。一番魅力的なのはVRトンネルだ。モニターと鏡でできた廊下で、バーチャル・リアリティを体験する場所である。自分の端末に接続すれば、パーソナライズされた空間にすることもできる。さらにはコンシェルジュのサービスもある。修理や支援のためのエリアでは、顧客が利用可能なサービスについて役立つ情報を提供している。
次第に目を引くようになってきたガイド・ショップという現象は、まさにこの文脈にある。ガイド・ショップは、すべての製品を倉庫に入れておくためではなく、より良いオファリングを提案するためでもない。オンラインでは対応できない要求に応えるために、できる限り最高の〝フィジカル〟な経験を提供するという考え方である。つまり目的は、在庫品を売り切ることではない。そもそも大半は倉庫自体ない。一方で、製品が複雑になればなるほど、店舗活用の可能性は高まる。製品購入時の前後の行動を考えるといいだろう。売り手側は、複雑な製品を簡単に使えるようにし、機能を十分に説明し、サービスについて理解してもらわなければならない。

ブランドを発信するための先端的な空間がよく見られるようになった。こうしたなか、規模の小さい独立系店舗も、消費者がよりブランドと製品について知るための環境やショールーム、経験のための場所になれる。買い物だけが唯一の来店理由ではない。小さなケーキ店が、菓子づくりが好きな人たちのために、営業時間外に講座を開いてみてはどうだろうか。鮮魚店が魚のさばき方や下処理の仕方、魚料理の作り方や提供方法のレッスンを開催してみてもいいだろう。洋品店がパーソナル・スタイリストのサービスを提供し、顧客向けにデジタルで服を選んで勧めたり、気に入らなければ返品可能として届けたりしてもよい。

この後のページでも紹介するが、販売店を目的地へと変化させるのは、大企業の専売特許ではない。資源の少ない企業や短期的な投資リターンを望んでいる企業でも、「目的地であれ」の法則を建設的に解釈し、新たな価値を生み出すことができる。当然のことながら、慎重に投資する必要はある。顧客がリアル店舗との接続を設定すればすぐに、購買を完結できるようなｅコマースのサイトを用意することも必要だろう。

まとめとして、「目的地であれ」とは、リアル店舗を消費者とブランドの創造的な出会いの空間とする新しい概念を採用することである。**世界観に陶酔できるような魅力的な来店目的とブランドの価値を生み出すためには、単にブランドを提示・展示するだけではなく、顧客に主体的に体験させる必要がある。成果は、販売量の増加としてではなく、顧客に語られるストーリーとして表れる。**リアル店舗とは、知識を深め、魅惑と出会うスペースなのである。そこには、製品と結び付いた鮮烈な経験も含まれるので**リテールテインメント（Retail-tainment）**が話題になるのも当然だ。効果的なストーリーテリングと直接的な経験を組み合わせることで、小売業者は、消費者の欲求と知性に刺激を与えることができる。人は、何か特別なもの、真に意味のある価値を、経験あるいは保有したいのだ。

4 誠実であれ

Be Loyal

「いい仕事をしなさい。そうすれば、
人はもう一度見たくなり、友達を連れてくるだろう」

ウォルト・ディズニー

「誠実であれ」とは、**ビジネス上の接点をもつ人に対しては、それが顧客・協力者・納入業者であろうと、誰とでも相互の信頼関係を結び、育て、維持していく**ということだ。

接続性以前の時代には、ロイヤルティは一般的に顧客維持率と再購入率の領域に限定されていた。だが現在は次元が拡大されている。カスタマー・アドボカシーだ。マーケティングにおいて、この用語は新しいものではない。新しいカスタマー・ジャーニーの五つの〝A〟の箇所ですでに触れている。いわゆる〝クチコミ〟は以前から基本的なことであり、世界で最も古い広告の様式であるとみなす人もいる。だが、接続性とソーシャル・メディアの時代において、クチコミは大規模に拡散するようになった。今の時代におけるロイヤルティは、あるブランドを人に推奨するという形でも現れる。事実、ある顧客があるブランドの製品を継続的に、あるいは再び購入するとは限らない。だが、製品に満足していれば、知人にでも他人にでも、特定の興味を共有できる相手に薦める気持ちは抱くだろう。

　このようなダイナミクスは明らかであるにもかかわらず、ブランドと小売業者の多くは自社の優位性の構築に活用できていないようだ。多くのケースで、時代遅れの理論に基づくインセンティブや特典が採用されている。これらはデジタル時代にはほとんど通用しない。経験の共有への刺激にならず、アドボカシーのプロセスに発展しない。伝統的なポイント収集や古典的なメンバーズ・カードを考えてみるといい。これらの施策は、たとえうまくいっているときでも、企業にポテンシャルの高い優位性をもたらさないが、デジタル・ツールを利用すれば、顧客の選好を獲得できる。それに応じてロイヤルティに関する真に有意義なプログラムを策定でき、利益に結び付けられるかもしれない。

　ある調査で、ロイヤルティ・プログラムに対する異なる二つのとらえ方が明らかになっている。これは重要な事実である。**七三パーセントの顧客は、プログラムを企業による自分たちへの尊重の表れとみなしているのに対し、六六パーセントのマーケターは、顧客による企業へのコミットメントの表れと判断しているのだ。**一つの要素に関する両者のとらえ方が正反対ではないにしろ、完全に異なっている。企業にとって、ここに大きな解釈の誤りがあることは明白だ。同様に、オーディエンスとの価値あるリレーションシップをベースとした競争優位の構築機会を失うリスクがあることも明白である。

しかしながら、うまく活用している例も見られる。これには、とりわけデカトロンのケースが該当する。同社のSPORTDAYSは、メンバーズ・カードを保有するスポーツ好きの人を関与させるために考案された無料イベントである。一年中開催されており、人々はサイクリング、クライミング、フィットネス、テニス、乗馬などに興じる。つまりデカトロンは、自社のファンである顧客に、さまざまなスポーツに親しむ機会を提供しているのだ。ビジネスとの強い整合性を維持したまま、価値を生む施策である。ブランドは、このように売買を超えた経験を創造することで、自社のミッションに具体性を与え、自社に関わる人との強いエンゲージメントを構築できる。

レゴは、もう一つの興味深い例である。デカトロンが自社のファンを物理的な場所に集合させることに注力しているのに対し、デンマークのブロック玩具のブランドであるレゴは、デジタル・コミュニティの構築を目指している。目的は、イノベーション・創造性・想像力といった、自社の基礎を成す価値から優位性を引き出すことである。そして、レゴ・アイデアというプラットフォームが生まれた。レゴのファンが自分のプロジェクトを送ることのできるプラットフォームで、ファンたちは、ブロックで作った自分のアイデアが製品化されるという夢の実現を望んでいる。そのためには、自分の作品の写真と説明を投稿し、コミュニティのメンバーから少なくとも一万人の賛成を集めなくてはならない。一万人を達成したアイデアは、レゴのチームの審査を受ける。選ばれれば製品化され、世界中で販売される。企業側は、その製品の売り上げの一パーセントを一種の著作権料として支払うことで、発案者に報いる。このケースにおいても、ロイヤルティにはクチコミを拡散させる効果があるため、(ブランドは)ロイヤルティ概念の革新的なカギであると解釈している。

ロイヤルティ・プログラムは、純粋な売買からも金銭的利益からも脱却し、顧客の感情面に作用するように、顧客の興味を中心にデザインされているが、それは企業にとってとても負担が大きい。既述のいくつかの例は、それをよく表している。

既存顧客と潜在顧客の欲求にうまく合致することを目的に、**長期的な視点をもつプレーヤーは、コンセプトをロイヤルティ・プログラムからメンバーシップ・クラブとし、展望を根底から変化させている。**このときロイヤルティは、さらに新しい意味合いを帯び、あらゆる面で人々の振る舞いを変えるのだ。アマゾン・プライムが生み出した現象が、それを表す際立った例である。同社は、一億人以上の人々を魅了することに成功した。国によって異なるが、プラットフォームが提供するさまざまな便益を享受《きょうじゅ》するために、会員たちは年間二〇ユーロから一〇〇ユーロを喜んで支払っている。しかも、このサービスのユーザーは、他のユーザーの二倍の頻度で購買していることがデータで示されている。投資効果を最大化させようとする欲求が動機となっているのである。

彼らの大半は、数百万点ある商品を二四〜四八時間の間に送料無料で受け取れることに引かれ、当該サービスに加入する。だが、追加特典に引かれてプライム会員に入会するユーザーが増えてきている。音楽と映像のストリーミング、本、クラウド・ストレージのサービスである。しかし、最も興味深い成果は、いわゆる〝アマゾン・ファースト〟のメンタリティだ。現に、ユーザーの二人に一人が、必要性や購買欲求が生じたときに、他のどこでもなく、まずアマゾンで探すと述べている。さらに、ユーザーの五人に一人は、他の小売業者での買い物を控え、大部分をこのプラットフォームに頼ることにしたと表明している。

アマゾン・プライムのモデルをまねるのは難しいかもしれない。だが、すべての小売業者にとって、メンバーシップ・クラブが顧客を自社のビジネスにつなぎ留め、長期的に売り上げを拡大させる重要なファクターであることは明白だ。ナイキにも、その点を表す例がある。ナイキプラス、ナイキプラス・トレーニング・クラブ、ナイキプラス・ラン・クラブのアプリを通じ、同社は人々とのインタラクションの可能性を大幅に拡大した。アプリでは、トレーニング、トレーニングの進捗状況、身体のパラメーター図など、多くの情報を提供している。このオーディエンスとの対話において、購買のためのインセンティブといった商業的内容は実に少ない。サービスを届けることとブランドが奨励する体験をしてもらうことにフォーカスしているのである。

こうしたタイプのサービスの成功は増加している。マーケティング・データベース・オペレーションの分野における世界的なリーダーで、ＷＰＰグループのメンバーであるワンダーマンの研究によれば、**ロイヤルティは、今やブランドに対する忠誠心として形成されるのではない。多様なタッチポイントを通じて、ブランドが顧客に体験させる経験によって決定される。**つまり、マーケティング・ミックスの伝統的な力から、一層工夫を凝らした顧客経験の領域へと、注意すべき対象が移っているのである。九〇パーセントの人が、継続的に新たなスタンダードを提案してくれるブランドと関わりをもちたがっており、そのうち七五パーセントが、そのスタンダードとは〝顧客経験の高い水準〟にあると述べている。

ロイヤルティと顧客経験と経済的成果の間にある密接なつながりを示すものとして、ブランド・エクスペリエンス・アセスメント（ＢＥＡ）もある。ブランド経験エージェンシーであるＡＫＱＡ（ＷＰＰグループ）のイタリアオフィスが、ＳＤＡボッコーニ・スクール・オブ・マネージメントと協力してつくった指標である。顧客経験の領域におけるブランドのパフォーマンスを見きわめ、それを購買の意志に関連付ける。潜在的な販売増加を最もよく示す指標とみなされているため、ビジネスへのインパクトの計測で用いられる。だが、相関的な行動は他にもある。〝クチコミ意向〟は直接的には経済的リターンをもたらさないが、クチコミをアドボカシーと解釈すれば、ロイヤルティと同一視できる。

いずれにしても、小売業者が新たな競争領域として顧客経験に投資すればするほど、当該企業と肯定的なコンタクトをした人々は、同社とのリレーションシップの維持・強化を望むだろう。だとすれば、ブランドはロイヤルティを勝ち取るために有意義な経験を始動させて、売買と古臭いアーン・アンド・バーン（訳注：ポイント収集と特典のように顧客が獲得したらすぐに使うこと）のモデルを超えなくてはならない。この戦略を進めると、ブランドは自分たちが語る内容によって定義されることは少なくなり、人々がブランドと製品を通じて得られる経験によって定義されるようになるだろう。

最後に、「誠実であれ」という法則は、顧客に対してだけではなく、従業員やサプライヤーといったステークホルダーに対象を拡大し、広義でとらえることもできる。事実、小売業者は、パフォーマンスに関わるすべての人と満足できる関係を保つことによって、自社のパフォーマンスを向上させられる可能性がある。

先般、アマゾンに買収されたアメリカの有機食料品店チェーン、ホールフーズ・マーケットは、自社ブランド製品の品質保証のために、テイスト・テスターズというタスクフォースを設けた。このチームのメンバーには、顧客とのリレーションシップを築くことに長《た》けた従業員が選出された。つまり、消費者に対する特殊な観察眼をもち、消費者の期待や好みを知ることのできる人物だ。彼らは製品の品質と味を評価し、顧客の期待に沿うように努力する。この取り組みの結果は考慮に値する。一年間で研究開発費が九〇〇万ドルも低下したのである。ホールフーズ・マーケットのテイスト・テスターズは、小売業者が自社の従業員との信頼関係を育むことで、そのロイヤルティから確固たる便益が引き出せることを証明した。メンバーの知識と能力のおかげもあって、企業の事業プロセスを改善するに至ったのである。

同じくホールフーズ・マーケットの例だが、ローカル・ローン・プログラムという仕組みが考案されている。農家や製造業者を対象に、パッケージングからより良い販売業者とのコンタクトに至るまで、各社の小さな活動をさまざまな側面から具体的に支援している。各社がそれぞれのビジネスを拡大できるよう、そして、取引の基礎を築くことができるように手助けしている。

結論として、ロイヤルティ・プログラムには今も顕著な効果があり、小売業者にとっても顧客にとっても考慮に値する便益を生み出すと断言できる。ただし、昔も今も、**プログラムは「与えよ、さらば与えられん」**（訳注：新約聖書の一節「求めよ、さらば与えられん」をもじり、与えられるのを待つのではなく自ら与える姿勢のこと）**の行動原理を基本とするが、非公式な取引契約において歴史的に〝弱者〟だった側（消費者など）が、かつてないほど取引上のパワーを手に入れ、意識的にそのパワーを行使するようになっている**という事実は認識しなくてはならない。したがって、取引契約の序文を変更し、パワーバランスを再定義する必要がある。**ロイヤルティ・プログラムは、人々に価値を経験してもらうエコシステムになるべきであり、小売業者はブランドや企業と人々とのエンゲージメント、人々の親近感を育むために、そのシステムに経験を付加していかなくてはならない。**

一方で、日和見《ひよりみ》主義的にブランド・スイッチをする顧客に対応してしまうリスクは、過去に比べ

ブランドは

ロイヤルティを勝ち取るために、

有意義な経験を始動させて

売買と古臭いアーン・アンド・バーンの

モデルを超えなくてはならない。

てきわめて高まっている。競合他社が、何か便利なサービスまたはプロモーションを提案するだけで、リアル店舗における販売は即座に縮小するかもしれない。ＩＢＭの調査によれば、顧客の七四パーセントは、送料無料で商品を受け取れるなら、これまでに一度も買い物をしたことがない小売業者から購入するという。だが、ブランドに対する強い親近感を構築している小売業者は、ターゲットとなる人々の強いロイヤルティを期待できる。小売業者は、効果があろうとなかろうと、すべてのステークホルダーおよび環境に敬意をもって行動しなくてはならない。そして人々は、当該企業を自分自身の価値と必要性に合致していると判断し、購買によって応えるのである。

5 パーソナルであれ

Be Personal

「顧客にもっと近付きなさい。顧客がまだ気付いていないニーズを語れるほどに密着しなさい」

スティーブ・ジョブズ

消費者は、ブランドとの関係を変え続けている。デジタル時代の到来によって、製品とサービスに対する期待が高まり、消費者行動における変化のスピードが著しく加速している。とりわけミレニアル世代に属する人々は、今日、自分がユニークだと感じさせてくれる製品やサービスを期待している。つまり、自分が個人として認識されること、自分の必要性や趣味に合うように設計されたオファーを求めているのである。これらが、人々と企業の間に長期的なリレーションシップを築くための基本的な前提条件となる。実際に、入手可能な代替品リストは無限に拡大している。人々はもはや、自分の期待にそぐわない、自分の購買・消費の習慣に合わないブランドまたは製品やサービスは、考慮に入れようとさえしない。

この視点に立てば、オファリングや品ぞろえの豊富さやスピードは、消費者の要求を満足させるのに十分ではない。小売業者は、**One-to-Manyのアプローチ——マスマーケットのアプローチで、一定の規格化が特徴——から、可能な限りパーソナライズされたソリューションの提案、つまりOne-to-Oneへと戦略の変更を強いられている。**あらゆるレベルで組織を見直さなくてはならないほどの深い考察を必要とする変更である。

通常、〝カスタマイゼーション〟と〝パーソナライゼーション〟という用語は、互換性をもって使用されてきた。だが実際には、この二語の間には、本質的かつ明確な違いがある。カスタマイゼーションとは仕様の一つであり、代替可能な品数の範囲内で一定の組み合わせを顧客に選んでもらうという提案である。一方、パーソナライゼーションは、消費者に関する情報（たとえば過去の選択、あるいはその人のスタイルや好みの分析から収集する）の活用によって行われる。期待を先回りして、高い確率で満足が得られるであろうソリューションを提供するためである。したがって、**カスタマイゼーションは消費者の選択に対する〝リアクション的〟な行動であり、パーソナライゼーションは消費者に感動と喜びを与えるための〝プロアクティブ的〟な行動である。**

カスタマイゼーションの最高の例として、NIKE.iDのプロジェクトがある。ウェブサイトで提案されている一連のオプションを組み合わせ、自分の感性と好みに合う一足を創ることができる。

消費者が自分の靴の〝デザイナー〟になれるよう、(現行のものは)二〇一二年に開始された仕組みである。サービスは純粋にデジタル環境で提供されるが、顧客はNIKEiD Studiosというリアル店舗でも接触できる。このサービスによって、ナイキは顧客の生きた欲求に応えている。そして顧客は、自分でアレンジした製品のためなら、三〇～五〇パーセント多く出費するようになる。つまり企業は、購入者の大きな満足とともに増益が図られるのだ。ロイヤルティとアドボカシーの感情にさえ火を点《つ》けそうな、ウィン・ウィンのソリューションである。

これとは異なるタイプのケースが、アマゾンによる〝おすすめ商品〟の機能である。ユーザーの過去の行動に関するデータと、その人に〝似た〟購買選択をした顧客のデータを関連付けることで、ユーザーの趣味嗜好に合うようオファリングを効果的に絞り込む。一連のアルゴリズムによって、実現されているシステムである。

二つの概念を組み合わせた場合、往々にして最高の成果が上がっていると気付くことが重要である。この点に関して、ネットフリックスの例を見てみよう。オンデマンドの映像コンテンツ・プラットフォームとして有名な同社のホームページは、次のようにして、映画やテレビ映像の提案を作出している。まず、オーディエンスが登録時に記入する好みをベースにし(カスタマイゼーション)、その後、閲覧したコンテンツに従ってダイナミックにアレンジする(パーソナライゼーション)。こうして、オーディエンスが関心を抱くコンテンツの提案となる確率を最大化している。

プロダクト担当副社長トッド・イェリンによれば、八〇パーセントものユーザーが、プラットフォームのレコメンド機能を信頼している。さらなるリサーチをせずに、薦められた映画のなかから観《み》るものを選んでいるのだ。また、平均的なユーザーが、何を観るかを決めるためにチェックするタイトル数は、視聴可能な数千のうち四〇～五〇に過ぎないことが、収集されたデータからわかっている。したがって、より目に留まりやすいコンテンツを適切なユーザーに適切なタイミングで提示することが、ネットフリックスにとって基本となるのである。

このような考察は、リアル店舗にも役立つヒントの湧く泉といえるかもしれない。事実、次のようなシナリオを描いてみることができる。小売業者は、〝ベース〟となるバージョンの製品をそろえておき、人々には店舗で自分の好みに合うように製品を仕上げてもらう。成長を続けるＤＩＹ（do it yourself）のトレンドに乗るのである。あるいは、ＤＩＹの最もダイナミックな要素を生かすこともできる。メールかソーシャル・メディアを通じて、自宅から一番近い店舗で、自分専用の製品またはサービスを実現できると伝えるのだ。その製品またはサービスは、デジタルとフィジカルの両方から得られるデータと情報を基にパーソナライズされる。これにより、小売業者は潜在顧客に関心を抱かせることができるかもしれない。

ソリューションの数は増え続けているのだから、小売業者は、顧客の好みに合うようダイナミックにオファリングを適合させることができる。顧客の好みに合わせることの重要性は、明らかに高まっている。現に人々は、もはやカスタマイゼーションを最低限の必須要件とみなし、パーソナライゼーションは自分のアイデンティティを表現する機会であるとみなしている。

パーソナライズされたオファーを受ければ、時間とお金の節約になり得るケースもある。顧客の好みと予算に合致する製品に絞り込まれていることで、購買プロセスが単純化されるからだ。オファリングをパーソナライズするためのソリューションに関し、企業は遠い存在だと人々に感じさせないために重要なことがある。あらゆる手段を駆使して、メッセージのパーソナライゼーションに人間的なファクターを組み合わせることにより、パーソナライゼーションが一層効果的になる。たとえば、データ分析によってプロモーション・メッセージやコンテンツが、狙った個人に自動的に送られるのであれば、当該メッセージやコンテンツはNLP（natural language processing）、すなわち自然言語処理に従って生成されなければならない。NLPは、コンピューターと人間のインタラクションにフォーカスしており、情報処理と人工知能（AI）の研究分野に位置付けられる。

目的は、インタラクションを可能な限り〝自然〟なものにすることである。企業が顧客サービスをより迅速かつ効率的に行うために、チャットボットの導入を決める場合にも同じことが言える。これがうまくいかないと、人々に、対マスマーケットの事業活動のなかで扱われていると感じさせてしまうリスクがある。個人との触れ合いが、それらしく装っただけのソリューションと受け止められ、コンテンツがまったく評価されなくなってしまう。こうした注意を払うことが、リレーションシップを人間的なものにするうえでのコツである。より現実味を伴うインタラクションにし、パーソナライゼーションを一層効果的にしなければならない。ただしこれは、コミュニケーションに用いる言葉遣いに限ったことではない。この点に関しては、「人間的であれ」の法則で深く考察する。

上述の原則に則ったオファリングやマーケティング活動を行うには、あらゆる業務のフローとプロセスを見直さなくてはならない。会社組織には一定の努力が強いられ、メンタリティの決定的な変化が必要となる。当然のことながら、店舗やカスタマー・サービスといったタッチポイントに関わる人員のアプローチも変わってくる。企業の優先事項ではなく、個々人の優先事項に合わせてサービスを変える意志をもって、消費者とインタラクションする。このとき、**相手が企業や業種の理屈など知りはしないことを念頭におき、略号・コードナンバー・専門用語の使用を最小限にする。**消費者は製品とサービスに関する情報を、常に何から何まで入手しているわけではない。

したがって、たとえば新しいテレビを選んでいる顧客に対応するのであれば、店員は、顧客がどのマルチメディア・コンテンツを利用しようとしているのか、どの付属アクセサリーを接続しなければならないのか、どのくらい離れた位置にテレビを置いて見たいのか、といったことを尋ねなくてはいけない。画面が何インチだとか、ディスプレイの様式だとか、技術的な細かいことばかり説明するのは避けるべきである。人々の大半は、そのような話に慣れていない。シンプルで自然な会話のなかで、潜在顧客が発言した要求から出発して、理想的な製品モデルを導き出す。それが、店員のプロフェッショナルなスキルというものだ。

店舗内では、いわゆる**近距離無線通信技術**を利用することができる。人々のパーソナル・メディア、すなわちスマートフォンに、直接アクセスできる技術だ。すでにいくつかは成熟し、顧客と個別に接続するための有効なツールとなっている。とりわけWi－Fi、RFID、NFC、ブルートゥースがこれにあたる。ある意味では監視カメラも同じで、店舗内の人の流れをモニタリングできる。これらの技術は、とくにシナジー効果を強化するような方法で導入された場合に、個々人とのリレーションシップを生む。リレーションシップは、顧客が店舗を訪問する前から始まり、購買行動へと進み、的を絞ったリターゲティングのマーケティング活動によって、その後もさらに発展する。顧客のスマートフォンに、タイミング良く商業的メッセージを送ることが可能になるだけではない。通信技術によって得られる情報から、店舗内のどこが一番〝ホット〟なエリアなのかがわかるので、小売業者が商品陳列の効率化を図ることも可能になる。

興味深い例が、セフォラによる〝ビューティー・インサイダー〟である。このブランドが提案するロイヤルティ・プログラムでは、興味をもった人なら誰でも、スマートフォンから直接プロフィールを登録できる。その結果、肌色のトーンや化学物質アレルギーの有無など、美容製品の使用に関する重要な情報が収集される。その後、情報は加工され、それぞれのニーズに合ったオファリングやプロモーションを顧客に紹介するために使用される。だが、それだけではない。ユーザーが気に入った製品をバーチャルの〝ビューティー・バッグ〟に保存でき、これがリアル店舗とダイレクトに連動し、顧客が店内に入るとスマートフォンが認識され、店員によるパーソナライズされたサポートが提供される。

優れたデータの使用方法で人々の要求に完璧に応える店舗のもう一つの例に、ナイキがある。二〇一八年七月、スポーツ用品の巨人は、ロサンゼルスの有名な商業地域に店舗をオープンした。この店舗がナイキをデータドリブンの企業へ、そしてダイレクト・トゥ・コンシューマー・ブランドへと進化させた。店舗名ナイキ・バイ・メルローズは、単にメルローズ・アベニューにあるから付けられた名ではない。実際に現地の人々が創った店舗でもあるのだ。立地から製品のオファリングに至るまで、あらゆる面で、ナイキとインタラクションした現地の人々に関するデータに基づいて決定された。たとえば、現地で最もリクエストの多いシューズのモデルを把握すれば、店舗の在庫を増やすことができる。消費者のリクエストに継続的かつ積極的に適合するよう、迅速に対応する方法を作り上げている。

ナイキ・バイ・メルローズは、一種の〝ライブ・コンセプト・ストア〟でもある。フィジカルのショッピングとデジタルのショッピングの境界を交わらせることができ、店内のスペースはすべて、顧客がスマートフォンにダウンロードしたナイキプラスのアプリと完璧に補完し合うように設計されている。アプリのおかげで、オンライン予約した製品を受け取れるピックアップ・ポイントに行くことも、店舗在庫の状況確認もできる。店舗内の特定のエリアで店員によるサポートを受けられるよう、リクエストも可能だ。

顧客は、位置情報の技術によってパーソナライズされた通知を受け取ることができるので、自分の趣味嗜好に近い製品を見つけやすくなる。このパーソナライゼーションの取り組みは、これまでナイキが実験してきた他のすべての方法に比べ、コンバージョン率が四〇パーセント高まることをデータが示している。要するにナイキ・バイ・メルローズは、デジタルのメカニズムをリアル店舗に適用させるというアイデアを実現させたものといえる。アプリから生み出されるエコシステムは、人々をナイキの顧客ではなく、ナイキのコミュニティのメンバーに変える。そして、パーソナライズされた方法で人々を支援し、導き、助言し、動機を与えるのである。

ラグジュアリー・ファッションを扱うイギリスのファーフェッチもまた、利用可能な先端技術の活用により、パーソナライズされた経験を提供しようとしている。同社は先般、ロンドンとニューヨークに(パートナー店の)旗艦店をオープンさせた。いずれも購買経験をリアルタイムでパーソナライズすることを目標に、来店客に関する無数のデータを収集すべく計画されている。また、スマートフォンを通じ、ブランドの世界と製品に関する情報を伝えている。顧客が店内に入ると、まず、固有のログイン情報によって個人が特定され、スマートフォンが発する無線周波数と、商品ラックに設置されたＲＦＩＤのセンサーを利用し、店内の人々の動きを追跡する。ファーフェッチは、こうして個々の買い物客がどの商品とインタラクションしたかを認識し、それらの商品は端末内に設けられた専用の〝欲しいものリスト〟に自動的に登録される。リストアップされた商品は、最終的に〝インテリジェント〟な試着室に送信され、インタラクティブなデジタル・ミラーで色違いが映し出され、顧客は必要に応じて販売員と交流もできる。

これらは皆、店舗における経験を変革した象徴的な例で、すべての顧客に対し、購買行動を効果的にパーソナライズできるようになっている。ただし、本書は、パーソナライゼーションを効果的にする技術をすべて取り上げる場ではない。しかも、このような技術的サポートは急速に発展していくので、仮にリストアップしたところで、あっと言う間に時代遅れになってしまう。改めて念を押しておくが、大切なことは目的であって、手段ではない。そして、どのようなケースにおいても、目的はパーソナライゼーションに向けて進化していくこと、そして人間的な要因で購買経験を豊かにしていくことである。購買経験は、過去三〇年にわたって、事実上、何も変わらずにいた。かつて考え出されたOne-to-Manyのアプローチから切り離されなかったのである。

キュレーターであれ

Be a Curator

6

「無限のコンテンツがある世界で、
人々はワンストップ・ショップを探している」
マイク・カプット

これまで見てきたように、デジタルトランスフォーメーションの主な特徴は二つある。一つは消費者側の期待の高まりであり、もう一つは、技術の民主化によってさまざまな市場への参入障壁が低くなり、猛烈な勢いで競合が増加していることである。小売業者には、これら二つの特徴に加えて、少なくとも三つ、慎重な考察を要する課題がある。

まず一つ目は、当然だが、**規模**の問題だ。従来、製品の展示スペースと品ぞろえの豊富さの間には直線的な相関関係があったので、両方を併せもつことが競争優位を獲得するうえで重要だった。だが、それがもはや通用しないことは、複数の実証から明らかである。デジタルによって、幅広い品ぞろえをバーチャルで提供できるようになっている。たとえば、店舗で展示する製品を限定し、バリエーションは、デジタル・カタログやウェブサイトで見せたりできる。また、都市化という深刻な現象もある。二〇五〇年までに、都市部で生活する人は、現在に比べて二五億人増加するだろう。進行しつづける都市部への人口集中は、すでに人口密度の高いエリアで住居用および商業用スペースの強い需要を生み出しており、これに伴い不動産コストも上昇している。

したがって、**リアル店舗にとっては、広いスペースの維持にかかるコスト負担が日増しに厳しくなり、次第にスペースを小さくしていかざるを得ないだろう。**だとすれば、リアル店舗は、ショールーム同然のフォーマットへと進化していくことになり、コミットメント型の経験を通じてブランドを称える場所、一部の製品を展示する場所となるだろう。あるいは、一種の〝サービス・センター〟となるケースもあるだろう。人々はそこで、企業が提案するさまざまな活動に参加する、技術的な問題を解決してもらう、オンライン購入した製品を受け取ったり返品したりする、製品のエキスパートである店員と交流する、等々が考えられる。納品時間の短縮のため、オンライン購入された製品を店舗から配送する物流拠点になるかもしれない。

店舗展開も、当然、都市化現象を踏まえて進められるだろう。現在、市街地の外に分散している多くの販売拠点は、街中の要所への移設を検討することになる。その場合、コストはずっと高いので、自然とスペースは狭くなる。

加えて、伝統的な店舗では、未使用のスペースや売れ残った製品の負担にあえいでいるという事実がある。そのうえ、長期負債や賃料などの固定費がのしかかっている。こうしたコストによって、多くの小売業者は、顧客経験への投資や攻めの価格設定を諦めざるを得なくなっている。すると、競合他社に比べ脆弱《ぜいじゃく》になる。同様に、デジタルの競合から受けるプレッシャーも考慮しなくてはならない。デジタルの競合は、サービス品質と競争力のある価格の上に成功を築いている。すべては、買い手側が利便性を重視するという文脈のなかにある。ここでいう利便性とは、価格の優位だけではない。プロキシミティ（近さ）とアクセシビリティ（到達しやすさ）、製品やサービスに関してはプレミアム性や機敏かつ柔軟なオプションなどが含まれる。例として、シンプルな方法かつ無料で一時間以内に納品するサービス、販売後の迅速かつ効果的なアフターサービス、多様な支払い方法などがある。

伝統的な小売業者の成長に歯止めをかける二番目の課題は、いわゆる**ダーク・リテール**である。回転率の低い製品、すなわちめったに売れない製品の膨大《ぼうだい》な在庫に関する概念である。大型スーパーでは、三万五〇〇〇点から四万点に上る全製品のうち、売り上げの三分の一を構成するのは約五〇〇〇点の製品である。そして、売れ行きの良い約一〇〇〇点が、売り上げのほぼ五〇パーセントを占めている。残りは、俗に〝ロングテール〟製品と呼ばれることになる。これらは、事実、店舗の収益性に大きなインパクトはないが、潤沢な選択肢があるという印象を抱かせることが主要な目的である。分野によって構成比や特徴は異なるにせよ、潤沢な選択肢は必要とされていた。数年前までは、品ぞろえが顧客からあまりにも評価されていたので、小売業者にとって構造的な非効率を生むまでになってしまった。しかし、コストが上昇していく一方で、ほとんど動かない大量の製品を抱えておくのは非経済的であり、事業の持続可能性に関わる深刻な問題にすらなりかねない。デジタルによって効果的な代替選択肢を得られるならば、なおさらだ。

常に考慮すべき三番目の点は、**店舗のオファリング**自体の問題である。**過去数十年、他と重なっていて、ほとんど代わり映えのしないオファリングの店舗が増え続けてきた。**競争優位性としてしばしば頼りにするのは、機能面や物流面に関することが多かった。現実的なユニークな販売命題（U・S・P）が構築されてはいなかった。今の世の中、どのような製品にも、インターネットを通じて簡単にアクセスできるようになっている。オファリングの広さで、デジタルのプレーヤーと競争しようとするよりも、他社から差別化できるように製品とサービスを組み合わせたモデルのほうが、遥かに効果的である。

幅広いオファリングの物理的モデルに注力していては、顧客にとって選択肢過多《かた》というパラドックスに陥ってしまう。デジタル売買においては可能な商品探索（検索エンジン、レビュー、付随サービスなど）の便益を、物理的モデルでは用いることができないからだ。すると人々は、過剰な代替案に混乱し、自分には賢明な選択ができないと感じる。そして、分野限定のオファリングを有する小さな店舗、あるいは店主が一人一人の購買経験を手助けしてくれる店舗など、独自のロジックがある環境へと向かう。**何かに特化した小さな店舗に存在感があった、リテールの起源へと一種の回帰が見られる。**

全般的なテーマに話を戻そう。市場は、従来型の大量消費からどんどん離れている。その一方で、相対的に少ない量で流通するニッチとして考案されたブランドと製品に、追い風が吹いている。複数の研究によって、成熟市場は必然的にミクロマーケットが張り巡らされた状態へと進化していくと述べられている。現代の消費者が有するさまざまなアイデンティティを、それぞれ反映しているのがミクロマーケットだ。なぜ、このようなことが起こるのか。選択肢が増加していくと、競争によって品質と入手可能性のレベルが高まり続ける。すると、ある時点で消費者の目には、どのオファリングにも違いがなく見えるようになり、いわゆる〝ニッチ・マーケティング〟が再び活躍する。

この結果は、次の推定がベースになっている。人々は、ブランドや小売業者から、もてなされているという感覚を求めているのではないか、言い換えれば、各社がそれぞれのコンセプトのなかで、自分たちの趣味嗜好に応えてくれることを期待しているのではないか。だが、これとは正反対の前提に基づく常套《じょうとう》手段が、いまだに広く用いられている。できるかぎり多くの見込み客に到達することを目指した提案を用意しているのである。ここで、明確にしておくべきことがある。〝ニッチ〟という言葉は、限定的な市場セグメントのみを指しているのではない。多少なりとも見えてきている特定のニーズをキャッチする注意力も暗示する言葉なのである。

デジタルの世界は、提供可能な財がほぼ無限にあることを特徴としている。したがって、人の目に留まるように製品とサービスを選別しながら、オファリングを選択・編集すべきだ。他と区別がつかないかもしれない提案にプラスアルファ、特別な一手間を加える必要がある。そして、数あるオンライン・ショップのなかで、簡単・手軽に見つけられるようにする。

以上のように、分野限定で独特の形式を採用するには、唯一無二のオファリングの仕組みと高付加価値で再現不可能な経験によって自社を目立たせる術《すべ》が求められる。だが、それでも十分ではない。小売業者はキュレーターとして、消費者と真に心情的なつながりを創り出せるよう、一貫性があり、消費者が関与しやすく、しかも視覚的に好まれる環境に、製品が提示されるよう配慮する必要がある。

キュレーターになることで、物理的スペースの縮小・効率の悪さ・競合との差別化に関わる問題を一掃し、自社の優位を実現できる可能性がある。現状の市場構造から課せられているリスク要因を、機会に変えられるのである。多くの都市部で、こうした現象が起きている。何かに特化したリアル店舗が輝くようになった。品ぞろえは相対的に少ないが、製品におけるパーソナライゼーションに応じたり、店舗に在庫していない製品を短時間で納品したりするなど、最先端のサービスと組み合わせている。「キュレーターであれ」の法則に則ったこのようなスタイルの店舗は、増え続けていくだろう。それに伴い、今後数年間に、世界中の大都市で多くの商業地域の様相が変わることも予想できる。

いま一度、強調しておくべきことがある。**われわれは、キュレーターの提案に従って、一定数の製品を選別することだけを述べているのではない。製品とサービスが相互に強化し合うような組み合わせについて述べているのだ。ユニークなカクテルを創り出す組み合わせが、事業活動またはブランドにとっての価値提案へと結び付くのである。**それを実現するには、キュレーターが自社の事業戦略に関し、明確かつ正確な選択をできるかどうかが重要となる。以下の質問に答えてもらいたい。

ⓐ**Who**：自社のターゲット・オーディエンスには、誰が含まれ、誰が含まれないか。
ⓑ**What**：自社の商業的提案には、何が含まれ、何が含まれないか。
ⓒ**How**：製品の販売方法とサービスの提供方法は、どのようなものか。

「含まれない」がポイントであることに気付いてほしい。含まれない部分を断定できなければ、差別化を生む実際的な価値を表現することはできず、とるべき戦略も浮かび上がってこない。つまり、キュレーションの重要性が失われてしまう。だからといって、当然のことながら、ターゲットではない顧客の相手をしないくらい意固地《いこじ》になれとか、主要な販売形式から少々ずれるリクエストに対応するなということではない。成果を最大化するために、予《あらかじ》め選別した製品とサービスのミックスへの投資に、決意をもって進めと言いたいのである。

先に明らかにしてきたように、小売業者にとって、明確な差別化を図ったオファリングは、フィジカルであれデジタルであれ、競合他社との競争圧力に対抗するための効果的な対応策となり得る。差別化したオファリングを推進するのであれば、Who・What・Howにしっかり注意を向けなければならない。目立つポジションを占めることができれば、一定のオーディエンスにとって意味をもち、競合他社から自社を守ることが可能になる。特定のニッチな領域にオファリングの的を絞り込み、一つの〝システム〟として製品とサービスをまとめたところ、当該システムがきわめて特徴的であったため、販売拠点から目的地へと進化した店舗の例もある。

Whoの選定は、さまざまな変数に基づいて決めることができるが、確実に違いを生み出せる変数でなくてはならない。例として、特定の趣味に熱中している人のための店舗にする、身体的に特別な特徴のある人のための店舗（左利きの人のための店、非常に背の高い人のための店など）にするなどが挙げられる。ブルフロッグは、象徴的なケースである。理髪店だが、グルーミングというニッチ、すなわちひげの手入れにこだわる人に特化することを決めた。チェーン第一号店は、二〇一三年にミラノでオープンし、アメリカの典型的な理髪店のコンセプトと、イタリアの伝統を調和させるという意志のもとに成功した。たった二二平米の店内で、顧客は最高の施術を受ける。

また、自分のスタイルに合った日々の手入れに必要な一連の製品や付随品も見つかる。ブルフロッグは、こだわりをもつニッチな人々を対象としていることを常に意識しており、遠方の人にも手が届くよう、自社の製品をeコマースでも販売することにした。以上のような方針が奏功し、同社の店舗は世界に広がりつつある。

小売業界を見渡したときに、これらの戦略が目新しいものでないことは明らかだ。だが、われわれが見るところ、このデジタル時代に、ニッチなオファリング・システムのキュレーターがいれば、つながっている消費者の欲求を効果的に解釈し、格別に興味深い事業機会を得られるようになる。ニッチに方向転換するからと言って、必ずしもユーザー群の縮小に甘んじるわけではない点にも着目してほしい。限定された範囲を対象にしていても、今の時代は大きな負担なく世界各地で同じことを行えるからだ。

オファリングの対象として明確なセグメントに集中できれば、小売業者はより的確かつタイムリーに、上述のHowのフェーズを選別しやすくなり、サービスに関してポテンシャルの高いスタンダードをデザインできる。結果、スタンダードの高さが参入障壁となり、特化していない競合他社はまねしづらい。同時にプレミアムなポジショニングを正当化できるので、利益面でも優位となる。

ティンバーランドのツリーラボ・ストアは、その意味で興味深いケースである。アメリカのフィラデルフィア近郊にあるこの店舗の特徴は、定期的に異なるストーリーを発信できる点にある。六

〜八週間ごとに店舗を見直し、オファリングをはじめ、全面的に更新する。ティンバーランドのブランドのなかから入念に選んだ、新しい製品セレクションにするのである。つまり、この店舗は、選んだストーリーに合わせて変化するスペースとして考案されている。思い出となる関与型の経験を創造するため、従業員にはストーリーを伝え、価値化することが求められており、プロセスの自然な結末として販売がとらえられている。

「キュレーターであれ」という法則の力は、顧客経験において質の高いスタンダードを設定し、特定の興味に合った有意義な消費経験を提供できることにある。行かなくてはならない場所から目的地へと店舗が進化すると、売り手側の役割も進化する。現に、進化を完全に実現させるためには、人間的なファクターが必須である。〝販売者〟は、〝キュレーター〟の域に達しなくてはいけない。

つまり、製品とサービスのシステムの価値化に必要なあらゆることで、選定・品ぞろえ・販売に関する伝統的な能力を補完する人物だ。製品とサービスは、ユニークな経験に関連付けて選定する。経験を継続的に更新することによって、オーディエンスとの心情的なつながりを損なわず、維持できるようにする。**美術館のキュレーターの役割と同じである。豊かな製品とサービスのオファリング・システムを管理し、解釈し、伝える。システムは、ユニークなストーリーの枠組みのなかで発展していく。そのストーリーにおいて、ブランドは〝機械仕掛けの神〟**（訳注：古代ギリシャの演劇技法で、終盤に現れて対立や混乱を収拾する神の役割）**となる。**

人間的であれ

Be Human

7

「人間は、今も〝キラー・アプリ〟である」

「人間的であれ」とは、今や**デジタルがすべてであるが、すべてがデジタルではない**、ということを企業が心得るべきだという意味である。すべてがデジタルではないどころか、デジタル・ディスラプションの拡大と技術の民主化プロセスの顕在《けんざい》化とともに、人間的なファクターが多くの産業で競争優位の主要な源泉になりそうである。小売業者はまずサービスに投資しなければならないが、このとき、店舗における経験の企画——人間中心デザイン（ＨＣＤ）の法則を反映させなくてはならない——にも、店舗従業員のいわゆるソフト・スキルの向上にも注力が必要である。同時に、事業に関わるコミュニティの集会所についても検討しなければならない。また、消費者は、企業の社会的責任にますます敏感になっている。企業による利益一辺倒な追求が、広い意味での人間性に与える印象にも気を配らざるを得ない。

つまり「人間的であれ」とは、あらゆるバリュー・チェーンにおいて、再び人間を中心にするようにという勧告である。デジタル化が進むにつれ、人間どうしのつながりに対する関心も増加する。当然のことながらリテールは、その特性から、「人間的であれ」という法則が決定的な役割を果たす領域である。

われわれは、「人間的であれ」の概念をきちんと理解するには、上述の側面を確認しておく必要があると考えている。一言で言い表すなら三つのS、**サービス（Service）**、**社会性（Sociality）**、**持続可能性（Sustainability）**である。「人間的であれ」の一番目の語義は、**サービス**を計画する際の考え方である。サービスはリアル店舗における顧客経験であり、店舗従業員の役割にも関係する。したがって、人間中心デザインに従ったアプローチをとり、サービスを計画する際には、あらゆるフェーズにおいて企業の期待よりも人間の期待を優先させる。たとえば、略号・数字・コード・頭字語を使わず、人間の思考に沿った言葉で製品の技術的・機能的特徴を説明する、あるいは製品の展示スペースとマーチャンダイジングを人間的な視点を優先して設計するなど、製品・サービスと買い手側の関わりをシンプルにするのである。

小売業者の取り組みの一例として、イケアがある。実際に住居やオフィスの一室といった環境のなかに製品を展示し、まとめ買いにつながる可能性のある製品の組み合わせを提案しているのだ。このスウェーデンのブランドは、購買を検討している人にとって〝自然な〟方法で製品を紹介することで、選択のプロセスを簡素化している。アメリカのスポーツ衣料品小売業者、ルルレモンの提案も興味深い。店舗の品ぞろえの基準を、従来型の技術的特性や用途ではなく、特定の履物の種類が特定のカテゴリーの人々にもたらし得る便益に変更した。このアプローチは、チャネル間の調和を図りながら、オムニチャネルで採り入れられている。価値提案に基づく顧客経験は、人々に受け入れられやすいよう考案されている。

従業員はこのシナリオにおいて決定的な役割を果たしており、顧客経験を助け、より高い顧客満足に導いている。現に、アクセンチュア・ストラテジーの国際的な調査によれば、消費者の七三パーセントが、助言を求めたり、製品・サービスに関するサポートを受けるなど、問題解決のために店舗での人間的な交流を好む。高いスキルをもつ販売員の必要性は、他のデータでも確認されている。顧客五人のうち三人は、有能で協力的な販売員と会って話ができるなら、より高い価格で買ってもよいと答えているのだ。販売員による付加価値に対する意識ゆえ、逆に、販売員がいなかったり能力が低かったりした場合には、しばしば顧客経験に、つまりは売り上げに、重大な悪影響を及ぼす。とりわけ、顧客がネガティブな経験をソーシャル・メディアで共有するというリスクがあるので、影響の可能性はより深刻である。

顧客は販売員に対し、オファーする製品とサービスに関する深い知識に加え、自信と熱意のある態度を求めている。現に、アンケートでほぼ四人に三人が、店舗での良い経験には、教育を受けた親切な人間のサポートが欠かせない条件であると答えている。**デジタル・プレーヤーは、自社が張り巡らせたタッチポイントにリアル店舗を加える傾向にある。当然のことながら、その理由の一つが、ブランドと人々とのリレーションシップを強化する、人間による交流の重要性の認識である。**こうしたなか、店舗内の人員による活動の多くが、近い将来、ソフトウエアや人工知能、あるいはロボットに託されることになるかもしれない。結果として店舗の人員は、共感や創造性といった人間ならではの特徴――購買経験ではきわめて重要な――を生かし、顧客に奉仕することになるだろう。

二番目のSは、「人間的であれ」という法則の基本的な側面である**社会性**だ。小売業者は事業に関わるコミュニティの集会所になれると、われわれは考えている。展示・販売スペースを人々が集まる場として利用するのである。ブランドの価値に結び付くようなイベント活動などを人々に提供し、真のコミュニティをつくっている企業の例はたくさんある。アップルストアはその一例だ。製品使用のワークショップはもとより、コーディング、音楽、写真のコースもある。ブランドのサイトには、〝トゥデイ・アット・アップル〟の名で全プログラムが紹介されている。そこでは、一番近い店舗を探したり、デザインはもとよりアートからビジネスまで、提案やイベントが満載のカレンダーを確認したりできる。

さらに興味深いケースが、二〇一六年にサンフランシスコのユニオンスクエアに開店したアップルの旗艦店である。ここには〝プラザ〟と呼ばれるオープン・スペースがあり、実際に、毎日いつでも、つまり店舗の営業時間外でも、訪れることができる。無料のWi－Fi接続と椅子があり、人々は仲間と過ごしたり、毎週開催される音楽ライブを鑑賞したりできる。このクパチーノのブランドは、そこでは背景にとどまっているが、社会性とコミュニティを体感できるプロモーターとなっている。プラザのコンセプトの成功を受け、アップルは国外にも同様の革新的な建築空間のオープンを決めた。選んだのはミラノで、二〇一八年、デル・リバティ広場に新店舗がオープンした。

特異な点は、店舗が見えないという事実にある。店舗は大型の噴水を形づくる二枚の水の壁に隠れていて、イタリアの数々の広場への、そしてミラノの町と運河との深いつながりへのオマージュとなっている。この場所の主役が広場であることに変わりはない。常に開かれた空間で、現代的な階段状のスペースがあり、人々はそこに腰掛け、休息し、出会う。アップルの考え方として、このような店舗は、人々がそれぞれの情熱を共有し、また新たな情熱を見いだし、可能性を深めていくような場所でなくてはならないのだ。

デジタル時代において、社会性欲求は決定的な力をもつ。イタリアの新興企業ブリスコラ・ピッツァ・ソサエティが、自社の価値提案の基盤を社会性と決めたほどである。そして、自社のフォーマットをイタリアからヨーロッパのさまざまな主要都市へと展開する野心を抱いている。同社は、ピザ店に関する自分たちの哲学と、製品のシェアができるメニューを核としている。昔からピザ店は、社会性を備えた出会いの場だった。同ブランドは、それをとても独特な方法で体験できる提案をしている。ブリスコラでは、人々はピッツァ・シェアリングの形式で製品を選び、複数の異なる味のピザを小さいサイズで楽しめる。友達グループで小さいピザをたくさんオーダーし、材料と生地のさまざまな組み合わせを味わうことができる。

では、三番目のS、**持続可能性**を見てみよう。資源の利用、投資計画、技術開発の方向性、制度改革、これらのすべてで、人間の生きるこの世界および未来の世代の発展に向けて努力するという概念である。企業は今日、この原則に従って事業活動していることを示す必要がある。**自社が関わるすべてのステークホルダーを考慮しつつ、事業が環境・社会・経済に与えるインパクトに十分に配慮しなければならない。**デジタル時代ならではの透明性を考慮すれば、旬のテーマといえる。誰でも簡単に情報を生成してインターネットで発信でき、そのコンテンツがあっと言う間に拡散する。常につながった世の中では、実際に、企業の無責任な行動がほんの数時間に地球規模で広まる。当該企業の名声を危うくし、ビジネスにも影響が及ぶ。

二〇一五年九月、フォルクスワーゲンを当事者として起きたディーゼルゲート事件は、注目を集めた例である。同社は車の排ガスの測定値を偽装し、環境にダメージを与える可能性を隠していた。

事態が発覚するなり、このドイツの自動車グループは猛烈な批判の的となり、フランクフルト証券取引所では、たった一日で一五〇億ユーロの価値が失われた。ここでもまた、企業による事業活動の新しい手法に敏感なミレニアル世代が、社会変化を示すリトマス試験紙となっているようだ。彼らの大半は、持続可能性と企業の倫理観が、購買を牽引《けんいん》するものとしてきわめて重要だとみなしている。持続可能性というテーマとの調和を示せない企業は、ミレニアル世代という最重要顧客層の選好から除外されてしまうリスクがある。ＰｗＣが調査で明らかにしたように、**ミレニアル世代の八〇パーセントもの人が、企業は持続可能性に関する取り組みについて消費者に適切な情報公開をしていないと考えている。**彼らはウェブサイトやチャット、あるいは店舗に用意した情報ツールで、**いつでも小売業者の取り組みの実態を見たいと望んでいるようだ。**

より幅広くサンプルをとった研究においても、この現象が重要であることに変わりはない。エデルマンが二〇一七年に世界規模で実施した研究によれば、消費者の五七パーセントに、社会的・政治的テーマに関するポジションを要因として、ブランドを購入またはボイコットする意思がある。また、六五パーセントの消費者は、重要だと思われるテーマについて明確な態度をとらない企業の製品およびサービスを、買う意思がないと表明している。さらに、サンプルの半数が、自社の考え方に合致した態度をとるブランドに関しては肯定的なクチコミを発信し、批判から擁護したいと表明している。

持続可能性には意識的消費という意味もある。機能的アウトドアウエアの販売で世界的なリーダーの一社、パタゴニアを例に考えてみよう。同社は、トラックでアメリカを巡り、人々の服のリペア・サービスと補修方法のセミナーを行うツアーを実施した。これが成功を収めたことから、国内の全旗艦店で同様のサービスを開始した。また、このカリフォルニアの企業が環境の持続可能性に目を向けていることを示す証拠として、売り上げの一パーセントまたは利益の一〇パーセントのいずれか大きいほうの金額を環境保護団体に寄付している。

これは、食品業界においても重要なテーマである。たとえばダノンは、エビアン、アクティビア、アルプロをはじめ、多数のブランドを擁する国際的なフランス企業であるが、持続可能性へと一歩を踏み出した。会長兼CEOのエマニュエル・ファベールが言うように、社会と環境への取り組みが不透明であることを理由に、人々は何十年も買い物かごに入れてきた多数のブランドから離れつつある。多くの消費者は、今日、製造の全段階で関係するすべての労働者と地球の資源に対し、敬意を払いながらつくられたブランドを好んで選択する。だからこそダノンは、自社の存在意義からスタートして、抜本的な改革プロセスに取り組むことになった。ファベールによれば、多国籍企業の優先事項は、もはや経済・金融の理論では広く望まれている株主価値の最大化ではない。むしろ、できる限り多くの人々に健全な食品をもたらし、それを通じて、消費者と労働者そして当然株主を含む、すべてのステークホルダーの利益を最大化していくことである。

もちろん、利益追求をおろそかにしてもよいなどとは考えていない。しかし、デジタル時代において、上述の必要性が他より劣位にあってはならないと判断する。とりわけ、社会的責任とエコロジーに関する責任をもった行動は、商業的（大衆の選好）・経済的（収益の向上）・財政的（多くの投資家は〝道徳的〟だと証明されている企業への投資が求められている）な側面で利益をもたらしてくれる。

お気付きだろうが、われわれは「人間的であれ」の概念をかなり広義でとらえて提示している。人間的な要因を真に中心に据えれば、実際、企業の事業活動の方法に顕著な帰結をもたらす。つまり、店舗人員と顧客との交流および販売における経験を見直し、社会的文脈における店舗の役割を価値化し、バリュー・チェーン全体で一貫性をもって、環境・社会・経済の持続可能性を追求することになる。結論として**「人間的であれ」とは、技術とデジタルの進化は改革の強力なツールであるが、どのように使用・適用するかは人間が決定するのだと心に留めておくということである。**

バウンドレスであれ

Be Boundless

8

「自分たちの限界を受け入れて初めて、
私たちはそれを越えることができる」
アルベルト・アインシュタイン

要求を強め続ける消費者のニーズとウォンツをベースに、小売業者が価値提案を（再）デザインすることの重要性を、われわれはここまで何度も強調してきた。**「バウンドレスであれ」とは、リテーリングは壁で区切られ一カ所に収まっているリアル店舗であるという意識を決定的に超越せよ、という意味だ。**技術の進化と物流の発展によって、今日、小売業界の企業は超柔軟な形式で顧客に奉仕できる。われわれは、近年、いくつもの実験が行われるのを見てきた。それらすべてのケースにおいて、消費者を中心に据えることと、彼らの要求を満たす革新的な取り組みを探ることの二点が前提となっていた。

伝統的な小売の境界線を打破した完璧な例としてテスコがある。イギリスの主要な流通業グループである同社は、国際的に活発な活動をしており、韓国において初の**〝仮想店舗〟**をスタートさせた。韓国は世界で最も労働時間が長い国の一つなので、韓国人には買い物をする時間が十分にない。そこでテスコは、地下鉄の駅やバス停といった人通りの多い公共の場所の壁に、スーパーの棚となる一種の壁紙をとり付けた。通りすがりの顧客は、自分のスマートフォンで、買いたい商品のQRコードを読み込むだけでいい。電車を待つ間に買い物ができ、商品は帰宅後に直接自宅に届けられる。テスコはこのようにして、リアル店舗の改変をせずに、店舗内にある商品の提案に成功した。これは、スーパーマーケットが人々に到達するのであって、通常起きていることとは逆である。

このプロジェクトは、買い物にスマートフォンを使用するという潜在顧客の性向と、企業側の技術力、そして購入商品を数時間のうちに自宅に届ける宅配サービスによって成り立っている。昨今、宅配サービスは著しい発展を遂げてきており、一連の興味深いモデルを生み出している。

- ⓐ**クリック・アンド・サブスクライブ**：定期購入またはオンデマンドの形式で、一定の財の定期的な自動調達を設定する。
- ⓑ**クリック・アンド・コレクト**：オンライン購入し、製品は（当該企業または第三者の）リアル店舗で受領する。

ⓒクリック・アンド・コミュート：オンライン購入し、製品は自分の生活の通り道にある販売店（たとえば地下鉄の駅や高速道路のサービスエリア）で受領する。

ⓓクリック・アンド・トライ：一連の製品をオンライン注文し、売買を完結させる前に、店舗または自宅で試用する。

ⓔクリック・アンド・リザーブ：特定の店舗内の在庫をリアルタイムで確認しながら、財とサービスをオンライン予約する。

定期購入（サブスクリプション）またはオンデマンドで自動調達するプランを検討してもいいと表明する消費者は増えている。カンター・ワールドパネルが「Winning Omnichannel」のレポートで明らかにしたところによれば、アメリカでは二〇二四年までに、グロサリー・セグメントにおけるオンライン取引の五パーセントが自動調達になるだろう。その額は、今もなお世界最大の小売販売事業者であるウォルマート八〇〇店舗分の年間売上高を上回る。この傾向がとくに顕著なのがゼロ・エクスペリエンスの製品である。すなわち、製品に差異がほとんど感じられず、人々がとくに注意を払わないコモディティ製品で、しかも購入者の買い物リストのなかで確たる地位を占め、規則的に購入されるブランドまたは製品だ。

まさにこのニーズに応えるために、アマゾンはダッシュボタン（訳注：二〇一九年二月末で販売終了）を導入した。Ｗｉ－Ｆｉ接続した機器であり、プライム会員はただボタンを押すだけで望む製品を購入できる。ダッシュボタンは、アマゾンのパートナー企業のブランドと結び付いており、当該ブランドの特定品の購入に対応する。ごく平凡なボタンを押すだけの動作で、消費者は生活必需品を切らしてしまうリスクをなくせる。概《おおむ》ね注文の翌日には、望んだ場所で製品を受領できる。こうしたすべてが追加料金なしである。

同じテーマで、ダラー・シェイブ・クラブのケースを取り上げる。カリフォルニアのスタートアップ企業であり、カミソリとひげ剃り関連製品を自宅に届けるビジネスを展開し、二〇一六年、ユニリーバに一〇億ドルで買収された。ひげ剃りのセットをコモディティとみなし、購入を面倒だと感じている潜在顧客が数多くいることを、同社の共同創業者たちは見抜いていた。そこで、顧客が定期的に同じ製品を購入する負担を軽減し、毎月定期購入するモデルを展開したのである。

以上のケースは他でもない、宅配が小売業者の好機となり得ることを示している。だが、面倒なく自宅で荷物を受け取れる人ばかりではないことを考慮する必要がある。多くの人は、配送業者の納品時間に自分を合わせられないし、管理人のサービスを有していない。受領に困難がある証拠として、**クリック・アンド・コレクト**のオプションが成功している。予めオンライン購入した財を店舗内の所定コーナーで受領できるオプションであり、多数の販売店を対象にこの提案をする小売業者が増えている。同様のサービスを独自の方法で適用したのが、イギリスの百貨店チェーン、ジョン・ルイスである。ロンドンのセント・パンクラス駅に、先頃、最初の**クリック・アンド・コミュニティ・ストア**をオープンさせた。消費者がオンライン注文した製品を、学校・大学・職場に通うために習慣的に通るであろう道程で受領できる立地である。

また、受領用の店舗に行けない人たちのための興味深い代替選択肢が**ピックアップ・ポイント**だ。地域を網羅し、柔軟な営業時間で、注文者とは別の人が荷物を引き取れることを特徴とする受領コーナーである。

さらに、有力配送業者はあのアマゾンと組んで、いわゆる〝ロッカー〟を配備した。暗証番号で保護されたセルフサービスのロッカーで、主要都市の要所に設置されている。多くの小売業者が、ロッカーの設置を自社店舗への集客につながる機会と見て、配送業者に専用の設置スペースを提供した。同様の意味をもつ興味深い例が、イタリアのスタートアップ企業、インダボックスによるサービスである。人々がオンライン注文した製品を受け取れるよう、独立した受領拠点網をつくり上げたのだ。あらゆる販売事業者が、無料でこのプログラムに受け渡しを託すことができる。そしてサービスの利用者にはそれぞれ利点がある。消費者にとっては柔軟で地域網羅的なソリューションであり、拠点網としての商店にとっては引き取られた製品ごとに報酬を受け取りつつ、自社店舗への集客を増やせる。このビジネスモデルは成功し、イタリアの全大都市部に急速に拡大した。元になっているのは、常に地域の人たちの間で、あるいは隣家の人と行われてきたプロセスである。それを再評価し、デジタル化した。事実、かつては、自分の家の鍵を近所の人や信頼する商店に預けたり、自分が不在にするとき別の人の家に荷物を送らせたりする人がいたものである。

さらなる利便性を追求する人のことを考え、ボルボは、顧客のためにイン・カー・デリバリーというサービスを開発した。契約者は、ボルボと提携しているeコマースサイトでオンライン注文した製品を、直接自分の車のトランクで受領できる。最大の安全性が保たれるよう、配送員には、一度だけ使用できるパスワード（OTP）が発行される。これによりトランクカバーのみを開けることができ、荷物を入れる。作業が終了すると、車のオーナーには、配達終了と車のドア閉鎖メッセージが来る。

イギリスのショッピング・センター・チェーン、ハーヴェイ・ニコルズは、富裕層顧客向けのサービスを開発した。ショッピングに時間を割けず、またレベルの高いサービスを好む人向けの**クリック・アンド・トライ**である。顧客はオンラインカタログを見て、とくに希望する製品の取り置きを無料でリクエストできる。リクエストが送信されると、スタイル・アドバイザーを務める人員が顧客にコンタクトし、個別にハーヴェイ・ニコルズ店内のVIPルームでのアポイントを入れる。顧客はそこで、スタイル・アドバイザーが入念に選んだ製品と併せて、予約しておいた衣類やアクセサリーを試着する。このソリューションは、製品を受領する前に代金を支払うことを嫌う気難しい顧客に対応するためにも適用できる。また、小売業者が、アップセリングとクロスセリングの戦術を直接店舗内で実施することもできる。

「バウンドレスであれ」の法則に基づいて、リアル店舗の境界線を超越するという取り組みの紹介として、最後に**クリック・アンド・リザーブ**について述べておこう。これは、特定店舗における特定製品の在庫を、ウェブサイトやスマートフォン・アプリで、リアルタイムで確認することだ。人々は、オンラインで製品を選び、予約し、正しく発送されることを確認できるので、見つけにくい製品に向いている。また、たった一つの買い物のために複数の店舗に足を運び、望んでいるものを見つけられないことで時間を奪われたくない顧客の必要性にも応えている。

たとえば、このオプションを食品業界、とりわけ〝生鮮〟セグメントの製品に適用してもいいだろう。精肉、乳製品、菓子等の企業は、eコマースの利点と近隣にある店舗の特徴を融合させることができるはずだ。顧客には、選んでおいた製品を、このプログラムに加入している商店で受け取れるようにする。自分の行く店舗を消費者が選択し、すぐに入手可能な製品をチェックしたり、ない製品を注文しておいて、設定した時間に引き取りに寄ることもできるだろう。そして何よりも、人々は買おうとしている食品の鮮度を自分の目で確認するようになっているが、この方法でならその機会も得られる。

JDAとCentiro（センティーロ）による調査第三弾、European Customer Pulse 2017 Surveyで紹介されたデータで、以下の点が確認できる。**われわれが「バウンドレスであれ」の法則**

で取り上げたサービスはヨーロッパ人に好まれており、オンライン購入者の四二パーセントが自宅以外の場所で製品を受領する方法を使用した経験がある。もっと興味深いデータがある。オンライン購入した製品を店舗内の受け渡し場所で受領した人の二四パーセントは、当該店舗内で他にも買い物をしているのだ。

リアル店舗とその境界線に関する伝統的な概念を超越しようとするトレンドがある。このトレンドの最近の表出の一つが、すでに定着してきている現象ではあるが、**テンポラリー・ストア**である。ポップアップ・ストアとも呼ばれ、一般的に数週間、最大でも数カ月程度の予め定められた期間だけ営業する。設置場所は、通行量の多い中心街、商業施設、駅または空港などだ。物理的存在をもたず、顧客・消費者とのリレーションシップを築くための効果的な手段を探索するデジタル小売業者にも都合がよい方式である。期間限定の店舗で、変化した消費者の要望をとらえることができる。オファリングの幅は技術を活用して補える。インタラクティブ・トーテム、あるいは拡張現実（AR）と仮想現実（VR）の技術を使い、オンラインカタログで品ぞろえ全体を見せることも可能だ。

最後に、小規模の一時的な店舗を工夫しているプレーヤーがいる。それは〝移動式〟というソリューションで、場所を変えながら消費者をとらえようとする、ムービング・ストアである。たとえば、イタリアではすでに、二万三〇〇〇の自動車または三輪自動車の店舗が稼働している。アパレルや食品のブランドが、マーケティングおよび販売活動のために利用しているのだ。オーシャンもこのソリューションを採り入れ、大規模駐車場、あるいはオフィスや学校近隣といった戦略的地点に、約三〇〇〇の移動式店舗を配備した。これもまた、店舗が時に自社の拠点を放棄し、人々のニーズに合わせて再配備された例である。

企業から人々へ、つまり決定力が企業の財とサービスの買い手へと移動していることを、これらすべての事例が裏付けている。デジタル化と技術の進展、そして消費者中心主義への適応欲求によって、上述のサービスが台頭してきた。だが、**多々ある停滞した飽和市場と、ピュア・デジタル・プレーヤーからの競争圧力によって、それが加速したことには疑いの余地がない。**ここに挙げたオプションを導入しようとする小売業者には、バックオフィスにおいてもフロントオフィスにおいても、多大な努力が要求される。いま一度、メンタリティの抜本的な変化の必要性を強調しなくてはいけない。上述の改革に必要となる技術インフラを整備するには、往々にして巨額の経済的投資が必要だ。次のページからは、意欲的だが伝統的な企業が、リスクを最小化しながら成果を最大化できる革新的なサービスを可能にする法則について提案する。

エクスポネンシャルであれ

Be Exponential

「あなたの会社がどれほど重要かは大事なことではない。いずれにしろ、最も有能な人の大半は、別の誰かのために働いているのだから」

ビル・ジョイ

今日の消費者は、自分の興味・ライフスタイル・必要性を、テクノロジーとサービスと製品のミックスで満足させてくれるブランドや小売業者を評価する。こうした新しい期待に効果的に応えるべく、多くのプレーヤーが自社の価値と有用性を高める機会をとらえようとしており、より幅広く豊かなサービスを提供するため、他の企業と協力している。実際、戦略的パートナーシップによって、顧客経験の向上が可能になる。「エクスポネンシャルであれ」とは、まさに、**サードパーティー(第三者機関)との協力によって、自社のオファリングの限界を超えよ**という意味である。法則の名称は、シンギュラリティ大学の創設者数名による本のタイトル『Exponential Organizations』(邦訳は『シンギュラリティ大学が教える飛躍する方法』、日経BP）というコンセプトからヒントを得ている。エクスポネンシャルな企業とは、ウーバーやエアビーアンドビーのように、飛躍的に成長できる企業のことだ。〝ライトな〟ビジネスモデルゆえ、彼らは相対的に少ないコストで短期間に成長する。それを可能にしているのは、とくにデジタル技術とサードパーティーのアセットの活用である。

　もちろんわれわれは、小売業者に、さっさとエクスポネンシャルな企業に変われと勧めているのではない。協力形式の検討も含め、飛躍的に成長する企業からヒントを引き出せるだろうと考えているのである。実際に、外部のパートナーと協力することで、小売業者は提案を充実させられる。また、自社だけでは賄《まかな》いきれない構造的コストを負わずに、自社よりも規模の大きい競合や戦闘態勢の整った競合と競争できるかもしれない。この法則に従うなら、小売業者は、消費者の細かな要求の満足に貢献できる適切なパートナーを見つけなくてはならない。**自社のビジネスを「エクスポネンシャル」にするには、二つの方向性がある。ごく普通のオファリングを新しいチャネルを使って増殖させること、もしくは補完的な経験によってオファリングを豊かにすることである。**

　まず、最初の手法、オファリングの増殖と拡大から検討してみよう。この手法を進めるには、まず**アズ・ア・サービスのプラットフォーム**を利用できる。彼らはサービスが利用されやすいよう、きわめて柔軟なビジネスモデルを有し、分野を絞り込んだサービスを他社に提供している。この種のサードパーティーは、大抵、最終顧客とのリレーションシップに関する投資に格別の関心を抱いていないため、小売業者が自身のオファーと一体化したオプションとして提案することを認めている。

たとえば多くの宅配業者は、流通事業者に対し、デジタルトランスフォーメーションを活用したサービスを提供している。自社での運営は困難だが戦略的には重要な機能を、専門性の高い企業に求めることで、自社のコア・ビジネスを見失わずに済む。その視点で、紹介するにふさわしい事例は、企業の物流を最適化できるミルクマンだ。最終顧客に対し、宅配業者が一般的に対応していない時間帯に、時間どおりに届ける宅配サービスを提供している。それゆえ同社は、多くの伝統的な企業やeコマース・プラットフォームの理想的なパートナーとなり、販売事業者による幅広い納品の可能性を実現している。販売事業者は、新たな業務プロセスを整備する必要がなく、最適なオプションを設定するだけでよい。しかも、購入者にとって完全にシームレスとなっている。ミルクマンは、イタリア市場に登場して間もないにもかかわらず、ネスプレッソ、イータリー、オンライン・ワインショップのタンニコなど、数々の重要なブランドと提携した。

なかでも、イタリアにおける大規模流通組織大手のコープとの提携はとくに意義深い。このパートナーシップによって、イタリア国内をテリトリーとする進歩的かつ革新的な食品のeコマースサービス、イージーコープの開始がもたらされた。すると、その取り組みはまたたく間に顧客の間で大成功を収めた。要因は、主に物流在庫の最適化と当該プラットフォームの納品の特長である。

もう一つの成功例がマックデリバリーである。ファストフードにおける世界的大企業のマクドナルドは、アメリカ、イギリス、オランダといった市場で宅配サービスを実証した後、イタリアでもサービスを開始した。実現に際し、グローボ、デリベロー、ウーバーイーツとの提携を決めた。これらパートナー企業の能力・資源・適性、そして規模の経済を活用することにしたのである。このケースでは、配送プラットフォームとしてアズ・ア・サービスが配備されたのではなく、宅配および宅配に関わる顧客経験の運営に特化した能力があり、最終顧客に名の知れたパートナーがサービスを提供している。

宅配のプラットフォームだけが戦略的パートナーの例ではない。他にも、自社でソリューションを保有するときに典型的な調査・実験・開発・維持コストを負担せずに、より広範なオーディエンスに到達する能力を高めた例がある。小規模企業も含め、多くの小売業者は、グーグルとの協力に大きな好機を見いだしている。グーグル・マイビジネスを使うと、企業は無料で自社のビジネスプロフィールを作成でき、それを基にユーザーが企業を検索エンジンで見つけ、グーグル・マップで位置を確認できるようになる。

さらに、グーグル・マイビジネスはグーグルが有する技術の無限の可能性と結び付いており、収集データの加工をはじめ、きわめて貴重な顧客情報が小売業者に転送される。これにより、たとえば当該企業に関心を抱くユーザーの地理的位置を検出したり、ターゲティングとリターゲティングの活動を向上させたりするなど、小売業者に多くの可能性が提供される。結果、オファリングの継続的な精緻化が可能になる。タイムリーで正確なウェブ解析を単独で配備できる小売業者はいない。だが、グーグルのような飛躍的に成長する企業と手を組めば、より一層広範なオファリングを可能にし、バックオフィスとフロントオフィスの活動向上につながるような構造化された情報を得ることができる。

単に小売業者は新しいパートナーや納入業者を選ぶべきだと述べているのではない。新たな思考のアプローチを採用する可能性について述べているのだ。このアプローチにおいては、提携による中短期的利益を存分に引き出すことを目的として、サードパーティーとの協力が戦略の構成要素の一つとなる。

次に、補完的経験でオファリングを豊かにする可能性について見てみよう。これを実現するため、そして**自社の顧客のニーズを最大限満足させるためには、ブランドと小売業者が手を組み、しっかりと狙いを定めたパートナーシップを結ばなくてはならない。**一般的に、提携が適正かつ効果的に機能するには、両社それぞれの優れた特性と専門性に基づいていなくてはならない。また、消費者の総合的な経験を向上させるという明確な目的をもって、両社のオファリングの向上を図るべきである。そうした提携はしばしば人々をさほど馴染みのないブランドに誘導するので、企業はブランド認知率とブランド考慮率を高めることができる。

上述のタイプにおけるパートナーシップの成功例がある。リチャード・ブランソン創設の有名ホテルチェーンブランドのヴァージンと、アパレル業界における大規模多国籍企業の一つ、ギャップとの提携だ。これが現実的な価値と具体的な利点を示す例であることは疑いようもない。一見かけ離れた二つの業界の提携であるが、ホテル側は、顧客の空港でのロストバゲージ、想定外の急な会議、予想外の天候といった、旅先での不運によるトラブルを解決できる。仕組みはとてもシンプルである。顧客はギャップのコレクションをアプリまたはホテルのサイトで検索し、ホテルの自分の部屋に三時間以内に届けさせることができる。そして、選んだ服を試着し、気に入れば購入できる。

もう一つ、説得力のあるパートナーシップの例がある。個人の車による輸送業で世界的リーダーであるウーバーと、ストリーミングによる音楽プラットフォームのスポティファイとの間で交わされたものだ。大きく異なる二つのブランドの提携であるが、目的は一つだ。顧客に、この提携でしか存在し得ない、より記憶に残る深い経験を提供することである。事実、二つのアプリの相互補完により、カー・プーリングを利用している人々は、目的地への移動中に聴きたい曲を選ぶことができる。あたかも自分の車を運転し、好きな音楽を直接選んでいるかのように聴けるのである。

かつてはかけ離れていた業種間の境界線が消えつつあるという事実が、これまで述べてきたことの根拠であり確証である。顧客ニーズを中心に据えて、企業は集合と補完に向かって動いている。潜在的にすべての小売業者には、とくに小規模企業や専門特化した企業の場合はなおさら、サードパーティーとの相乗効果という選択肢がある。目的は、常につながっている消費者、要求を強めつつある消費者のニーズをタイムリーに満足させることである。興味深いのは、自社の顧客と、あるいは自社の競合とさえ積極的に協働して、〝飛躍的成長〟を追求できるという事実だ。

デジタル時代のマーケティングは、非排他的な二つの戦略を採用することで、一層競争力を増すことができると説いている。共創——自社の顧客との協働——と、協業——他者との対話、時には競合他社とも——である。共創においては、サービスと学習方法論とインタラクションの新しい形式を通じて共に価値を創造することを目的に、企業と顧客・消費者が資源と能力を共有し、組み合わせ、更新していく場として市場をとらえる。共有された価値は、顧客にとってはパーソナライズされた唯一の経験という形で、企業にとっては収益性が高い市場成果という形で増大する。

ブランドまたは小売業者が提案するソリューションは、目的達成に最適な方法で消費者に使用されなくてはならない。消費者側は自分の経験をパーソナライズできるという価値を手に入れる一方、企業側は新たな知見を獲得し、売り上げと収益率を最大化できる。われわれは、この手法を「パーソナルであれ」という法則のなかで示した。まさに、最終ユーザーと協働して作られた唯一の製品を実現できるようになるからだ。

一方、競争と協働を結び付ける協業という選択もある。企業が互いに一定の事業活動に限定して協力するという戦略である。普段はライバルである二社による予想外のパートナーシップに見えるが、共通の目的を達成するため、一つまたは複数の戦線で一時的に競争を中断する。交渉力と契約上の強さを高め、自社だけでは達成しがたい成果を獲得することが主な目的である。

世間の注目を集めた例は、典型的な競合とみなされていたドイツのブランド二社による歴史的な協業である。メルセデス・ベンツやスマートといった有名ブランドを擁するダイムラーとBMWによるものだ。歴史的ライバルが、モビリティ・パワーハウスとも言うべきプロジェクトの実現に向けて協力を決めた。都市モビリティの独自サービスを提供するため、自動車メーカー二社が、協力する必要性で合意に至ったのである。最高水準の顧客経験のサービスを推進するには、市場に存在する多様なソリューションを統合し、一つのオファリングにまとめる必要がある。ダイムラーとBMWはそれを理解した。そして、カー・シェアリングや自動運転のための統合された機会創出に向けた取り組みに着手した。このパートナーシップには、二社が提供する数々のサービスをミックスする内容が含まれている。具体的には、オンデマンド・モビリティ、ライド・ヘイリング（タクシー）、駐車支援サービス・オプション、電気自動車の充電のソリューションといった領域があり、さらにはCar2GoとDriveNowという二つのプラットフォームによるカー・シェアリングまである。

ここまで述べてきたことから、もう一つ、格別に興味深い実践形態が導き出される。**オープン・イノベーション**である。**この言葉は、イノベーションのパラダイムでもありモデルでもある。企業が自社の価値の向上・促進のために、内部のアイデアと資源のみを基盤とはせず、外部由来のツー**

ルと技術的能力を必要とする場合に利用する。ブランドや小売業者の規模にかかわらず、大学や研究機関が付加価値の源泉となり得る。スタートアップのインキュベーター、商業パートナー、フリーランスの技能職者、コンサルタントも同様である。そして前述のように、顧客や競合他社でさえ付加価値の源泉となり得る。このアプローチは、研究開発を企業の枠内で展開する伝統的なプロセスであるクローズド・イノベーションと対立する。だが、ダイナミックで予想不可能な市場においては、もはやそれでは不十分である。かつては企業から市場へ縦に進んでいたイノベーションのフローは、今は横になっている。

たとえば、世界的な電力会社であるエネル・グループが横方向に動いた。このトレンドは業種をまたいだ実例である。変化の速い環境で成長するため、エネルはイノベーションとデジタル化を事業戦略の基本的な原動力とした。同時に、高い事業効率と安全基準の確保を求めた。同社は真のエコシステムを構築しており、それを構成するのはバリュー・チェーン全体をカバーする産業・学術・スタートアップの各機関である。現時点で世界に八つのハブ拠点が稼働しており、スタートアップ企業と一五〇の協力体制を敷いている。そのうえエネルは、ステークホルダー・エンゲージメントのツール、つまり、さまざまな利害関係者が参加できるツールを整備している。自社のイノベーティブなポテンシャルを最大化することが目的で、ツールの一つにクラウドソーシングのプラットフォームOpeninnovability.comがある。これは、社外・社内を問わず、持続可能なイノベーションのプロジェクトを提案したい人、あるいはエネル・グループが挑むべき課題に向けてのソリューションを提案したい人に開かれたサイトである。

G20 Young Entrepreneurs' Alliance（約五〇万人の若手企業家とその支援機関による国際的ネットワーク）が進めた調査によれば、企業とスタートアップ（またはその他のイノベーター）間の協力は、世界全体で一兆五〇〇〇億ドルの経済成長を創出できる。これは、現在における世界のGDP（国内総生産）合計の二・二パーセントに相当する。イタリアに限って言えば、三五〇億ユーロの成長で、GDPの一・九パーセント相当である。このように、パートナーシップによる恩恵は、大企業や特殊な市場のみならず、あらゆるタイプの企業に結び付くのである。

事実、逆の視点で述べることもできる。小規模小売業者が、大規模ブランドのポテンシャルを拡大させるソリューションとなるかもしれないし、それが自社にも大きな恩恵をもたらし得るかもしれない。考慮すべき研究データがある。七六パーセントの企業家は、スタートアップまたは他のローカル・プレーヤーが自社のビジネスを後押しする原動力になり得ると判断している。そして、その協力から生まれる売り上げ比率が、今後五年間に平均で、現状の七パーセントから一六パーセントに拡大すると期待している。協力のモデルは、双方にとって利益になる。と言うのも、スタートアップは既存企業を活用しながら市場にアクセスする必要があり、大企業は研究開発コストの負担を減らし、リスクも外部に出して、革新的ソリューションを実験する必要があるからだ。

ネスレとフレッシュリーの提携は、こうした視点で完全に合致した例である。フレッシュリーは、調理人チームがつくった、できたてで健康に良い料理の宅配を行うスタートアップ企業である。これに、食品業界の世界的大企業が関心を抱いた。そして、七七〇〇万ドルを投じて、フレッシュリーの（過半数に達しない）少数株式を取得したのである。ネスレUSAの食品部門長ジェフ・ハミルトンによれば、この取り組みは、健康な食生活のトレンドに合わせ、日々拡大する宅配サービスの需要に対応するというネスレの意欲の表れである。宅配市場は、アメリカだけでも一〇〇億ドル超と推計されている。だからこそ、ビッグ・プレーヤーが関心を抱いているのだ。その筆頭がアマゾンである。ホールフーズ買収後、同社は確固たるポジションを獲得している。

さらなるケーススタディとして、サティスペイが挙げられる。クレジットカードやデビットカードとは異なるサービス網を通じ、ユーザーが金銭の授受ができるモバイル決済である。支払い方法が増えるなか、消費者はいろいろ試すようになっており、小売業者にとっては消費者に提案する選択肢拡大の助けになるかもしれない。このイタリアのスタートアップ企業は、早くも二つの大規模流通組織、エッセルンガとコープとの合意に至っている。また、公共交通機関やエネルギー販売会社、そして銀行ともパートナーシップを結んだ。これによりサティスペイでは、スマートフォンから直接購入した交通機関の切符や定期券などの細々した支払いの計上ができるほか、いつでも素早く公共料金の支払いをしたり、友人や親類で一つのものを購入するための資金を出し合ったりもできる。

自社のオファリングとのシナジーを得られる商業パートナーシップ、共創と協業という形態、また一般的にはオープン・イノベーションの採用も含め、いずれも企業のエクスポネンシャルな成長にとって重要な源泉となる。イノベーション・プロセスで必要とされる投資とリスクを負わずに、自社の価値提案を拡大させることができるからだ。

「エクスポネンシャルであれ」の法則を基に、一つの仮定を提示できる。現在のように競争が複雑で動的な文脈においては、価値提案の構築要素を必ずしもすべて開発（そして保有）せず、リーンな方法でイノベーションを推進するとよい、ということだ。**そうすれば企業は、ターゲット・オーディエンスの要求をより満足させられる製品とサービスに投資し、相対的に低コストでスピーディに実証実験ができる。**次の「勇敢であれ」の法則では、このテーマに焦点を当てる。

急速に進化する市場で仕事をするということは、固定の境界線をもたない開かれたシステムにビジネスの発展があるということを意味する。イノベーションには、アイデア・製品・才能が必要であるが、そのすべてを社内の知見と能力から生み出すことはできない。外部由来の機会とソリューションは、社内で生まれたものと同じくらい重要とみなすべきである。ただし、ブランドの活動と整合性があり、実務レベルで容易に採り入れることができ、最終ユーザーが感じ取る価値を本当に高められるものでなくてはならない。

勇敢であれ

Be Brave

10

「逆説的だが、変化し続ける世の中では、
安全に行動することが、被《こうむ》り得る最大のリスクの一つである」
リード・ホフマン

最後は「勇敢であれ」だ。本書で提案する一〇の法則のうち、おそらくは一番挑発的である。この法則は、アマゾンの創業者ジェフ・ベゾスの考察から生まれた。ベゾスによれば、**オファリングを差別化してビジネスを拡大するには、主に二つの手法がある。一つは、企業ができる最善策のリストをつくり、それを確固たる改革の出発点として活用すること。**もう一つは、**逆から俯瞰《ふかん》することである。すなわち、ニーズにさかのぼって対応するため、カスタマー・ジャーニーを分析し、満足させられていない、あるいは部分的にしか満足させられていないニーズを見きわめることである。**結果としてビジネスチャンスをつかむためには、ニーズを満たすのに必要な能力を伸長または獲得しなくてはならない。この二番目の道は、明らかに大きなリスクを伴う。だが、適正な発想に従えば、効果的に差別化を図り、抑制されたコストで異分野を探索することが可能になる。

複雑さが加速する狂騒的な今の時代に、方向性を見失いかけている小売業者にとって、とても力強いメッセージである。一方で、現行の変化を技術革新による当然の結果であるかのごとく過小評価するわけにはいかないと、もはや多くのプレーヤーが理解している。また、〝ダチョウのやり方〟という言い回しのように、頭を砂の下に隠して危険が通り過ぎるのを待つような方法も、同じくリスクが高い。今の時代、コダックやブラックベリー、ノキアといった大規模多国籍企業でさえ――当然のことながら、採用すべき戦略の評価のために最高の専門家とコンタクトしていたにもかかわらず――事実上破綻するのを、われわれは目にしている。いずれも、市場の現実的な必要性に応えるべく、思い切った仕組みを採用できなかったからである。

こうしたなか、競合の破壊的イノベーションのあおりで倒産した既存大手企業の教訓的なケースとして、ブロックバスターがある。レンタルビデオ市場は、九〇年代には格別の活況を呈していた。当初はVHS、後にはDVDのレンタルビデオショップが至るところにあった。ブロックバスターは同分野の世界的リーダーで、二五カ国以上に店舗をもち、数千万人の顧客を有していた。そして一九九七年、早くも飽和し始めていた市場に、ネットフリックスが登場した。DVDを自宅に送るビジネスモデルだった。リード・ヘイスティングスは、映画「アポロ13」のDVDの返却が遅くなって、ひいきにしていたブロックバスターに四〇ドルの延滞金を科された後、ネットフリックスの設立を思いついたという伝説的なエピソードがある。それが本当かどうかはさておき、地域に広がる店舗網に比べ、負担の軽い新たなビジネスモデルが急速に定着し始めたことは事実である。ブロックバスターの経営者たちは、そうした状況にもかかわらず、なんら特別の処置を講じなかった。〝物理的〟経験を顧客に提供できるという重要性に自信があったのだ。

だが、そうこうしているうちに、より安定的な高速回線接続が普及してきた。ネットフリックスは、ストリーミング・サービスも世に送り出せるようになった。今やビジネス界でいうところの〝ブロックバスター・モーメント〟、つまり後戻りできないところまで来てしまったことが決定的になった。この頃を境に消費者は、早々に映像コンテンツに関する習慣を変えた。大企業のビジネスモデルに規定されたレンタルの制約に縛られるよりも、ネットフリックスが提供するストリーミングの利便性を好むようになったのだ。ブロックバスターは、もはや同じ土俵に上がることができず、二〇一三年に倒産するに至った。

ネットワーキング機器の供給とITサービスで最大の多国籍企業、シスコシステムズの会長ジョン・チェンバースは、次のように明言している。今後一〇年間に、現行のビジネスの少なくとも四〇パーセントが、現在進行中の変化に対応できず破綻《はたん》するだろう。チェンバースによれば、こうしたプレーヤーが生き残るには、改めて現在の変化を読み解き、テクノロジー・イノベーションとデジタル・イノベーションに応じた革新を遂げるしかない。

「勇敢であれ」という法則の核心はここにある。小売業者は、自社のビジネスに未来がないかもしれないことを認める勇気をもたなくてはいけない。そして、変化を受け入れなくてはならない。

自社のオファリングが市場の要求に合っていないとわかったとして、どうすればいいのか。店舗における取り扱い量の漸減《ぜんげん》に、どう対処すればいいのか。デジタルの競合が卓越した水準のサービスとアフターサービスを、太刀打ちできない低価格で提供しているなら、どう対処すればいいのか。われわれが見るところ、勇気を出すしかない。完全には満たされていない具体的な要求を見きわめ、需要に合致したオファリングを展開する。たとえそれで未開の地に足を踏み入れることになろうともだ。リスクはきわめて大きい。そこで必要になるのが、リスクを慎重に算出し、推進しようとする企画の実験段階に一刻も早く達することである。

企業家や経営者にとって、新規事業を立ち上げたり、新企画始動のために既存事業の一つを主軸としたりすることには、常に危険が伴った。しかし、ここ一〇年で新たなアプローチが定着した。スタートアップ・プロセスにおける冒険的な面を弱め、より迅速かつ効率的にするアプローチ、**リーン・スタートアップ・プロセス**と呼ばれる手法である。**計画を過度に練り上げるよりも実験を重視し、創造的ひらめきや経営者の直観**（この二つは、きわめて重要であることに変わりはないが）**よりも消費者のニーズとフィードバックを中心に据えたプロセスである。**スタートアップ企業にお

小売業者は、自社のビジネスに

未来がないかもしれないことを

認める勇気をもたなくてはいけない。

そして、

変化を受け入れなくては

ならない。

ける典型的な仕事の進め方であるが、伝統的小売業者や大企業にもうまく適用できる。デジタルトランスフォーメーションの恩恵を受けるべく、自社のポジショニングを変えようとするすべての企業に新たな機会をもたらす手法である。スティーブ・ブランクが考案したモデルは、三段階に分かれている。

ⓐビジネスモデル：新規事業開始時に手中にあるのは、裏付けのない一連の仮説か直観のみ、という事実を企業家と経営者は肝に銘じるべきである。さもないと、往々にして企画立案と調査に数カ月も浪費することになる。可能なビジネスプランを考えるよりも先に、最初の前提が強固であるかを評価するほうが、企業家にとって有益ではないだろうか。たとえば、ビジネスモデルキャンバスとして知られるフレームワークがある。これは、企業と消費者にとっての価値創造に関する主要なフェーズを記述するチャートである。

ⓑコ・デザイン：仮説は、直ちにテストするのが基本だ。そのプロセスは顧客開発と呼ばれており、ビジネスモデルキャンバスのすべての要素について、直接、潜在顧客とパートナーにフィードバックをくれるよう依頼する。要素には、製品の特性、想定価格、流通チャネル、顧客獲得戦略などがある。この調査の目指すところは機動性と迅速性である。実際に、テストの第一段階が終了したら、得られた内容をインプットし、同じサイクルを最初から繰り返

す。計画し直して改善したオファリングを再びテストするのである。パートナーから顧客まででさまざまな人々にプロジェクトに参加してもらい、共にデザインしていくが、事実上、オファリングの特定へ貢献を依頼しているようなものである。

Ⓒテスト：最終的には、アジャイル開発という手法を使う必要がある。ソフトウエアの分野から借用した手法である。伝統的な製品開発段階――慎重な熟考と探求、さらには実現段階における厳格な一連の手続きを前提とする――とは対照的に、所要時間と資源を圧縮し、数カ月で消費者または顧客の手に届けられるミニマム・バイアブル・プロダクト（最低限の機能と受容可能な品質をもつ製品）に到達できる。スタートアップ企業は通常、製品またはサービスの最初のバージョンの発売にアジャイル開発を利用する。製品が受け入れられるか否かを具体的に調査し、市場から重要なフィードバックを受け取るためである。フィードバックは、規模を拡大して発売する（あるいはプロジェクトを廃止する）ことを視野に、次のバージョンの改良に役立つ。このアプローチは、後続のバージョンにおいても繰り返されるのが理想的である。そして、ターゲットとなる多様なオーディエンスから得られる検証結果を基に、改善のサイクルを継続する。

上述の三段階は、世界的に有名な技術系企業を世に送り出すために考案され、発展してきた。だが実際には、日本の自動車メーカー、トヨタの生産方式を参考にしたものである。トヨタが企画・実現したリーン・プロダクションは、厳格な原則に基づいている。すなわち、無駄の特定、プル型（すでに販売済みの製品または短期間で販売される製品を対象とする）の論理によるジャスト・イン・タイム生産、継続的改善による完全性の追求である。

リーン・スタートアップ・プロセスが、いかに興味をそそる選択肢であるかに目を向けてみよう。ディスラプター、すなわち代替ビジネスモデルで新たな市場になだれ込み、市場論理を左右させるような新興企業にとっても、既存大手企業、すなわち特定分野ですでに事業展開している企業にとっても、関心に値する。ディスラプターにとっては、相対的に少ない時間とコストで価値提案をテストし、より確固たる地位を占めるブランドを脅かすという野心を抱けるようになる。既存大手企業にとっては、より複雑で業務量の多い〝ウォーターフォール型〟プロセスの有効な代替手段となる。ウォーターフォール型の場合、フローの最後に到達するまでに、あらゆる賛否を考慮すべく、さまざまな部門で予め定められた一連の手続きを踏まなくてはならない。デジタル時代のスピードは、改革のプロセスにもタイトなスケジュールを課す。短時間で答えを得られないものは、急速に旧弊化することになる。

その意味で、大量消費財の分野で起きていることを観察すると興味深い。同分野では、歴史ある偉大なブランドが困難な時期を過ごしている。パフォーマンス低下の要因の一つは、競合となる数々の小規模企業の市場参入にある。小規模企業は往々にして、オーセンティシティ（真正性）、職人技術、伝統の尊重、持続可能性などへ配慮し、多国籍企業による製品の平準化とは相反する価値を有している。このような競合は、リーディング・カンパニーの強大な力を脅かしている。大企業よりも遥かにアジャイルなビジネスモデルで、われわれが本書で述べてきた法則を適用しているからである。

こうした企業は、**ピラニア・ブランド**と呼ばれている。数の多さとその攻撃性ゆえだ。彼らの特徴の一つとして、いくつかの機能をサードパーティーに出すことで、製造システムにおける大きな柔軟性を有している。「エクスポネンシャルであれ」で見たとおりである。もちろん、小規模ブランドやニッチ市場はかねて存在していたが、現在のトレンドは破壊的ともいえる。技術の民主化があり、結果として多くの参入障壁がなくなったことから、製品・サービスをきわめて簡単に発売できるようになった。ここにもまた、源《みなもと》には消費者の態度変容がある。さらに、大量消費製品の大規模ブランドに対し、人々の信頼感が低下するのを、われわれは目の当たりにしている。それもまた、より本物の姿を呈するブランドへの追い風となっている。一層正確に、しかもきわめてスピーディに、消費者の移ろいやすい期待に波長を合わせせられるブランドである。

ブロックバスターのケースと大量消費財分野に見られる力学は、アジャイルなアプローチをとる小規模プレーヤーが、以前に比べ、ずっとたやすく現状を脅かせることを示している。同時に、前述の〝勇気ある〟適用によって、伝統的企業でも効果的な対応形式を構築し得ることを、いま一度述べておこう。本書では次の章を、経営者の視点の紹介に割くことにした。そこでは、興味深いプロセスの事例が見られるだろう。戦闘態勢を整えた新しい競合に、伝統的な企業が〝等しい装備で〟立ち向かえるよう、リーンな方法論とオープン・イノベーションを融合したプロセスである。

「勇敢であれ」という法則は、伝統的な小売業者がとるべき姿勢を述べている。これまで数十年間、自分たちの成功を築いてきた数々の確証に対して、謙虚に検討を加えるのである。大量生産による低コスト化、マーケティングと広告への巨額投資、契約交渉におけるパワー（優位性）、広範な代理店ネットワーク、研究開発への投資能力——もはやこれらの上に競争優位を築いても十分ではない。それどころか、現在の競争環境において、これらの要素は企業の反応を遅くする重石《おもし》にさえなりかねない。要するに、**伝統的な小売業者にとって「勇敢であれ」とは、価値提案の根拠を改めて議題として取り上げ、現状に向き合えということだ。**このとき当然、リーン・スタートアップ・プロセスすなわちオープン・イノベーションを活用したプロセスは、有効な選択肢となるだろう。

ただ、断言はできない。なぜなら、それとは異なる仕事の進め方が伝統的習慣となっていた組織にとって、新しいアプローチの採用は簡単ではないからだ。リーン・スタートアップ・プロセス自体、万能薬ではないことも明白である。これは、市場が不安定な状況のなかで成果を生むモデルだ。つまり成果を生むのは、大きな変化が起きている業種であるとき、顧客の期待が急速に進化しているとき、社内の複数のチームと他のステークホルダーとの協力が実行可能であるとき、進行中の業務に本質的な変化を導入できるタイプのプロジェクトであるとき、等々である。逆にいえば、すでに進行した段階に変化をもたらすのはコストがかさむし、時には技術的に不可能である。

また、ステークホルダーがプロセスに参加する意思がない場合、市場が安定していて比較的予想可能な場合、製品またはサービスがほぼ決定的な段階に至らなければテストできない場合などでは、伝統的アプローチのほうが好ましいかもしれない。つまり、**リーンなアプローチは、環境が整っているときに、大きなポテンシャルを有する選択肢なのである。** 環境が整っていれば、改革のプロセスに関するコストを抑制したり、新製品・新サービスの発売を加速したりできる。各進捗《しんちょく》段階で同時に作業することを可能にしつつ、異なるチーム間での協力を強化したり、最終ユーザーにとってさほど重要ではない変数を企画段階で排除して製品と市場の適合性を改善したりできる。そして、ウォーターフォール型モデルにみられる冗長《じょうちょう》さを縮小し、将来の取り組みも見据え、最終顧客に関する知見を向上させる助けとなる。

最後に、伝統的な企業がリーン・スタートアップ・プロセスを効果的に適用できるよう、さらなる前提条件を強調しておこう。まず、組織幹部が明確な意思をもち、継続的に努力することである。予算、業務フロー、プロセスなど、必須の前提が保証されていなくてはならないからだ。次に、会社のイノベーションを育てていける、モチベーションの高い従業員のチームをつくることである。

当該プロジェクトの一員になりたいと自ら望んだ人員の集まりであることが望ましい。

人と企業は、リスクを敵視する傾向にある。そして、そうあらねばならない。さもないと、安定と繁栄の条件が整わない。しかし、本章に述べたことから、現在の競争環境とデジタル時代の動乱のなかにあって、**よりオープンで(「エクスポネンシャルであれ」の法則を参照)、よりアジャイルな論理**に基づき、改革のプロセスに関する考察を深めることが不可欠となっている。伝統的な企業には、年月をかけて築き上げてきた能力と競争力に新たなアプローチを加えることが求められている。新たなアプローチは、デジタルトランスフォーメーションから与えられる機会を力に変え、自社の特徴と自社の市場の特徴をベースとしたリーン・スタートアップ・プロセスのモデルの採用へと動かしてくれる。

未開の地に誘導されるように見えたとしても、腕まくりをして行動しなくてはいけない。新しい能力を一から獲得することになろうとも、メンタリティを変えることになろうとも、人々にとって、また顧客にとって、重要なことから始めなくてはならない。改革する勇気が必要なのである。

第3章

経営者の視点

アマゾン

イタリア・スペイン　カントリーマネージャー
マリアンジェラ・マルセリア

分野：小売
'17年年商：非開示
URL：amazon.com

――あなたにとって、リテール4・0とは。

リテール4・0とは、消費者との接点・チャネルを相互補完し、統合することである。

五〇年にわたり、小売市場は本質的に何も変わらずにいた。リアル店舗が果たす役割の重要性が他の接点・チャネルに勝っていたため、消費者との関係に大きな変革は起こらなかった。起こったのは、わずかに自動レジやモバイル・バーコード・リーダーの導入といった進化である。だが、ここ四年で次々に大きなイノベーションがあった。イノベーションが業界の論理を変え、また消費者の要求からイノベーションが生まれた。変化の根底には、より消費者を中心に据えようとする狙いがある。たとえば、どのように購入したか、どこで購入したかにかかわらず、買ったものを一刻でも早く自宅で受け取りたいというニーズがある。ここからアマゾン・プライムナウが生まれた。今日、eコマースでは実際に、望んだ製品をわずか数時間で自宅で受け取れる。外出してリアル店舗に行き、買い物をする時間と大差ない。その結果、消費者にとって実世界とデジタル世界の差がなくなってきているのである。

リアル店舗の小売業は、今後も基本的な役割を担い続けるだろうが、その役割はデジタル・チャネルと相互補完的・相乗作用的になっていくだろう。今後数年でデジタル取引が伝統的取引に取って代わると考えるのは、小売業者にとって大きな誤りだと思う。人々は今後、一層頻繁《ひんぱん》に、使えるチャネルはすべて使うだろうし、一瞬の必要性、つまりいつ、どこで、どのように必要としているのか、その時々の瞬間的な必要性に、最適な購買方法を完全に自由に選べることを望むだろう。また、トレンドの逆転現象を目の当たりにしても、驚くには値しない。たとえば〝デジタル・ネイティブ〟企業が物理的ソリューションの実験を始めている。伝統的小売業者が人々の好みに合致していくには、デジタルによって可能となったソリューションを通じ、時代の変化を読み解くしかない。

――そのような背景のなか、アマゾンはどのように対応するのか。

完成を目指して注力している取り組みの一つが、即時性と瞬時の満足に対する顧客ニーズへの対応である。商取引において、購買経験・サービス品質・選択性は、人々にとって等しい重要性を有している。そのため「シームレスであれ」と「不可視であれ」の法則に示された概念を、厳格に適用しようとしている。購買を完結する方式は〝コモディティ化（均質化、一般化）〟し、顧客はチャネル間のスイッチングに無頓着《むとんちゃく》になってきている。そのため、顧客が買いたい製品に集中できるように、またスムーズで満足のいく豊かな経験を満喫できるようにすることが重要である。このとき、データを加工し有効な代替品と興味深い選択肢を提案するために、複雑な物流の管理と有益なデータの管理は当社が保持しておく。また、摩擦の排除には、サービスにアクセスする機器やチャネルを問わず人々を認識できるよう、多様なタッチポイントを統合する必要もある。それゆえ、小売業者には大きな努力が強いられる。「誠実であれ」で適切に強調されていたように、ロイヤルティは、特徴的かつ持続可能な価値の提案の上に築かれる。その意味で、アマゾン・ゴーは完璧な実例だ。

しかし、イノベーティブなオファリングで顧客を獲得できても十分ではなく、リレーションシップを育み、強化しなければならない。だからこそ当社は、真のメンバーシップ・クラブとして機能するプライム会員のプログラムを展開した。ほとんどのメンバーズ・カードが値引きやプレゼントを提供しているが、それによって小売業者が現実的な価値を生み出すのは難しい。プライムでは、付帯サービスのミックスによって顧客経験の水準を継続的に高めていくことを基盤としている。当社のサービスには、最短時間での配送や通常配送の無料化はもちろん、音声・映像コンテンツのストリーミングからクラウド・ストレージまである。

有益だと思われるもう一つの考察は「キュレーターであれ」の法則だ。当社の場合は、世界最大級のeコマースなので、上層部でのキュレーションは行っていない。むしろ、可能な限り幅広い製品ラインナップの提供を目指している。とはいえ、類似した製品が大量にあると人々が圧倒されてしまうことがある。そこで、選択肢過多《かた》のパラドックスを回避するため、有効なアドバイスの提供とカスタマー・ジャーニーの簡素化を目的に、できる限り効果的なデータ活用に努めている。

――今後三〜五年で、どのような進化を図っていくのか。

当社のCEOジェフ・ベゾスは、消費者の一番いいところは、永久に満足しないという事実にあると考えている。今日は〝ワオ!〟だった経験も、一年後には新たなスタンダードになるだろう。だから、「勇敢であれ」の法則は格別に興味深い。当社にとって、その意味は次のようになる。「すべて順調で、多くの人があなたのブランドについて好意的に話しているときも、そしてあなたが最高のイノベーターであると認識されているときも、立ち止まらず、明日のソリューションの企画に努めなくてはならない」

当社のエコシステムに目を向けると、多様なサービスと製品があり、互いにかけ離れているように見えるものもある。だが、実際には、それぞれが戦略的なパズルのピース、当社がイメージし、日々築きつつある壮大なビジョンの一片である。しかし、勇気ある実験は、仕事を続けていくうえでの単なる考え方にとどまっていてはならないし、活動を正当化する条件でもない。企業には、今後五年間、質の高い経験を確実にする、一層の努力が求められる。あらゆる点で消費者を中心とし、継続的に自らを変えていけるブランドだけが、市場におけるポジションを維持できるだろう。

以上から明らかなのは、当社がデジタル・ネイティブだからといって、必ずしも高収益でいられるとは限らない点である。アマゾンはデジタル企業として生まれた。それはそうなのだが、設立は二〇年ほど前のことで、当時はデジタルの概念が現在とは大きく異なっていた。当社が育んできた専門知識が成功の決定的なファクターであることは間違いないが、当社の真の資産と競争上の強みは、変化への取り組み方にあると考えている。技術的能力はあっと言う間に旧弊化する。本当の課題はメンタリティなのだ。過去に比べ現在のほうが存在感のある九〇年代生まれの企業は少ないが、当社がその一社であるのは、消費者ニーズの把握に基礎を置く企業哲学ゆえである。

今後数年のアマゾンを私がイメージするなら、外部由来のイノベーションにも門戸を開放することが、一層中心的なテーマとなるはずだ。すでに取り組んでいるが、引き続きイノベーターやインベンターと協力を続けていく。これは、「エクスポネンシャルであれ」の法則に示された原則に従って進めていくことになる。この原則には全小売業者が従うべきである。さもないと、大きなチャンスを逃し、自社の重要性を失うリスクがある。それどころか、姿を消すことにすらなり得るのだ。

アウトグリル

CEO
ジャンマリオ・トンダート

分野：旅行者向けレストランサービス
'17年年商：四六億ユーロ
拠点数：四〇〇〇
URL：autogrill.com

――あなたにとって、リテール4・0とは。

私見では、リテール4・0とはデジタルトランスフォーメーションだ。要は、人々と小売業者とのこれまでとは異なる関係性である。消費者には、自分が注意を向けられる中心にいて、傾聴され、考慮されるはずだという意識がある。新しいリレーションシップは、この消費者の意識がベースとなっている。そのため、〝カスタマイズされた〟製品、さらには〝パーソナライズされた〟製品の需要が拡大を続けている。より進化した消費者にとって、それらは手放せない要求である。

今述べたことは、情報へのアクセスというテーマにもつながっている。デジタル、とくにモバイル端末は、人々の習慣と態度を根底から変化させた。購買プロセスは、不可逆的に変化している。いかなるタイプの製品・ブランド・サービスであっても、それらについて、欲しい情報のすべてを、欲しいと思ったときに、誰もが手に入れることができる。当然それは、アウトグリルにとってきわめて重要な業界、食品業界でも起きている。例を挙げるなら、健康的な食品コンセプトにおける変化である。かつて健康的とは低カロリーや低脂肪を意味していた。現在は、新鮮な、未加工の、自然な、オーガニックの、たんぱく質含有量の多い、遺伝子組み換え作物を含まない、といったことであり、他にも何々〝フリー〟と表示できるすべての製品を指す。同様に、〝産地への意識〟も進んでいる。キロメートル・ゼロ（訳注：欧州におけるスロームーブメントの一つで、日本の地産地消のような取り組み）の食材、全生産工程が管理されトレーサビリティのある食材の追求である。したがって小売業者は、今日、個々の顧客の要求をとらえるだけでなく、流動性を増す需要の大規模な変化を先取りできるような、幅広い視野をもつ必要がある。

小売分野における直近の大きなトランスフォーメーションは、空間的・時間的障壁の決定的消失である。人々は、地球上のどこにいようとも、常につながっている。以前は遠いとみなされていた活動が即座に世界中に影響と帰結をもたらすことから、地球という唯一の大いなる存在への帰属意識と、それに伴う〝私たち〟という感覚が強まっている。そして、持続可能性に対する関心が日増しに高まっている。これについては、「人間的であれ」に述べられている。

――そのような背景のなか、アウトグリルはどのように対応するのか。

以前から、デジタルに関連したソリューションの研究と開発に取り組んでいる。事業プロセス、ビジネスモデル、そして製品とサービスのオファリングの改革を可能にするソリューションである。

注目してほしい一つの例として、モバイル・アプリHost2Coastがある。北米のHMSホスト(訳注：アウトグリルのグループの一つ)が運営する空港内レストランは、ほぼすべてこのアプリで対応できる。旅行者は、空港内で自分がいる場所から一番近いレストランを探し出せる。また、予《あらかじ》め全メニューを見てオーダーしておくことができ、最後はスマートフォンで支払いもできる。このサポートによって、空港でのトランジット時によくある課題の最小化を図り、旅行者が可能な限りスムーズな経験を築けるようにした。

世界中の顧客の嗜好と選好も、技術によって継続的にモニタリングできる。当社グループが運営する店舗は世界四大陸に四〇〇〇以上あり、二〇一七年の総顧客数はほぼ一〇億人であった。この顧客数があるからこそ、食品の選択に関する初期のトレンドをとらえられる卓越した観測部門がある。初期のトレンドを基に、二〇一八年、ショート・フード・サプライチェーンによる健康的な製品への要望に応えることを目的に、イタリアで食のオファリングを一新するプロセスを開始した。

もう一つの紹介したい取り組みが、シカゴ・オヘア国際空港のアーバン・ガーデンである。ゲートとゲートの間の空中庭園で四四種類の作物を栽培し、空港内のHMSホストの店舗に、常に新鮮で高品質なキロメートル・ゼロの製品を供給している。環境の持続可能性分野における先駆的な実験であり、今後他の都市でも同様の展開を考えている。

研究開発とイノベーションは、当社グループのDNAの一部を成している。たとえば、スパッツィオ・フチーナでは、顧客の〝食の経験〟における品質向上を目的に、料理に関する実験と研究を行っている。当社のアプローチのシンボルとなる場である。同時に、旅行中の消費者の多様な要望に応えるため、未来に向けて、飲食店のサービスにおけるコンセプトを刷新する方法も検討している。

――今後三～五年で、どのような進化を図っていくのか。

主に自動化とビジネスのデジタル管理において顕著な進化を遂げるだろう。当社が目指す方向を明示する例が、カリフォルニアのオークランド国際空港に導入したペッパーである。ペッパーはヒューマノイド・ロボットで、人間に寄り添って行動するように設計されている。主な機能は、人々と会話をすること、人々の感情を理解すること、その結果として反応することである。製品とサービスの特徴を説明し、何をオーダーすればいいかアドバイスしたり、空港内の正しい搭乗手続きを案内したりできる。この技術は、早晩、仕事以外の環境でも存在感を出せるようになるだろう。とはいえ、人間的な要素は重大な役割を担い続けるはずだ。経験・情熱・創造性を他のことで代替できない活動やプロセス内のフェーズでは、人間的な要素によって差別化できるからである。

改革のプロセスにおいても人間が基本である。人材の育成と継続的評価に投資しなければ、デジタルトランスフォーメーションの実現は不可能である。そのためもあり、アウトグリルでは世代間連帯協定をスタートさせた。さまざまな効果を期待できるが、とくに革新的なアイデアやデジタルに関する能力を有する若い世代の採用が可能になるだろう。

ボッジ

ヨーロッパCEO
パオロ・セルバ

分野：服飾
'17年年商：非開示
拠点数：一八〇
URL：boggi.com

――あなたにとって、リテール4・0とは。

私にとっては、小売業界を根底から変化させた顧客である。顧客は、常に接続し、〝チェック〟し続けるようになった。そのため、これまでとはまったく異なる方法で、顧客個人と関係をもたざるを得なくなっている。企業と消費者との間における情報不均衡の構造が大幅に調整され、力の軸が消費者側に移動した。われわれ企業側は、人々が製品の購入に割く時間に価値を与えなくてはならない。当社は世界中で多くの顧客を迎え入れることができているので、有意義な経験を提案する責務がある。今日それが意味するのは、さまざまなタッチポイント間においてシームレスであり、かつスムーズな経験だ。組織運営面でさまざまな課題はあるが、チャネルによるばらつきや違和感のない経験を提供しなければならない。

――そのような背景のなか、ボッジはどのように対応するのか。

当社では、チャネルに依《よ》らず顧客を特定し、デジタル取引とリアル取引が相互補完する経験を提供することにした。そのためには、個々人とモバイル端末を関係付けることが理想的だと考えている。スマートフォンは、今日、何をするにも共にあるパーソナル・メディアであり、他人に譲るようなこともまずない。ターゲット層に絞った電子メールも補助的に使いながら、個々人とのリレーションシップのパーソナライゼーションが実現できる。それは、「パーソナルであれ」で強調されていた内容にかなう。当社の目的は、カスタマー・ジャーニーのモニタリング、弱点への対処、各フリクションの最小化、そして顧客の要求を最優先することである。

この精神に則《のっと》り、クリック・アンド・コレクトのサービスを始動させた。全コレクションをオンラインで注文でき、その後、製品の引き取りには、ストア・ロケーターで最も便利な店舗を選べる。もしくは、自宅への無料配送の選択も可能で、その場合のミニマムロットの設定はない。当社製品に馴染《なじ》みがなく、購入を決める前に試着を望む人には、クリック・アンド・リザーブのサービスがあり、予め選んだ製品を一八〇店舗のいずれかで確認できる。また、デジタル取引には典型的なサイズ・モデルの広範な品ぞろえを小さな店舗でも確保できるよう、各店舗の品ぞろえの均一化を図る投資を実施した。スタッフは接客の際にタブレットで専用アプリを使い、その時点で在庫していないモデルやカラーの製品の場合には、顧客が別の店舗または自宅で受け取れるように取り決める。

こうしたオムニチャネルの経験によって、デジタルでの売り上げは年々二〇〇パーセント成長した。
　これほどの成長は〝デジタル取引〟だからだと決めつけるのは過小評価だろうと認識している。この成功は、むしろチャネル間の相互補完の成果である。チャネルの統合によって、最終的な売買がどこで発生するかには関係なく、顧客に一貫したサービスを機能的に提供しているのだ。
　もう一つの特徴的な取り組みは、店舗内のフローをモニタリングする技術の導入である。データ分析によって、店舗内の展示レイアウトの改善、より行き届いた品ぞろえ、販売手順の向上に関して、きわめて重要なヒントを引き出せる。改善はトライアル・アンド・エラーのプロセスであるととらえることが重要だ。「勇敢であれ」に述べられていたように、柔軟でスムーズなアプローチを、勇気をもって導入しなければならない。

——今後三〜五年で、どのような進化を図っていくのか。

　二〇二四年までに、直営とフランチャイズを合わせ、世界で二五〇店の開店を予定している。当社の主な目標は、顧客に評価されるソリューションを見いだすべく、技術とデジタルがツールとして機能するようなパイロット・プロジェクトと実験を継続的に実施することにある。その結果を基に、一貫性への意識を常に大切にしながら、事業活動を進化させていく。日々ボッジを選んでくれる人々の要求にフォーカスしつづけ、それに会社を適応させていかなくてはならない。

細かいところでいえば、今後三～五年で決定的な発展を遂げる技術の一つがRFID（近距離無線個体識別技術）だと思う。最新の技術ではないが、簡単に製品を追跡できるので、製品を必要な場所に配置できるようになる。したがって、まさにオムニチャネル設定の追求という視点で、近い将来、恩恵をもたらすことができると考えている。

もう一つの重大な変化は、もちろんデータに関することである。今日、データは技術によって、より体系付けられた手法で加工できるようになっている。今後は、既存顧客および潜在顧客の嗜好に関する、より多くの情報を活用し、マーケティング戦略およびコミュニケーション戦略を一層磨き込み、店舗のパフォーマンスを向上させていきたい。

ブリヂストン

南ヨーロッパ・マネージング・ディレクター
ステファノ・パリジ

分野：タイヤ
'17年年商：二七〇億ユーロ
拠点数：ヨーロッパに二〇〇〇以上
URL：bridgestone.com

──あなたにとって、リテール4・0とは。

ブリヂストンのビジネスモデルには、B2B2CとB2Cがある。当社の主な販売チャネルは、タイヤの流通事業者と販売事業者、車両サービス・センターだ。加えて、レンタカー会社や車両を多く使用する会社を介した販売がある。当社のように、確かな事業実績・研究開発・卓越した製品の上に競争優位を築いてきた企業は、機会をもたらしてくれる変数としてのリテールにこれまで向き合ってきた。

私にとってリテール4・0とは、基本的に、バリュー・チェーンの各関係者との、より大きなシナジーの可能性である。シナジーは、技術をツールとして活用しながら、〝デジタル顧客〟のカスタマー・ジャーニーに沿って、互いにウィン・ウィンの関係になるようサービスを提供するなかで生まれる。また、製造と流通の要求を統合する仕組みでもある。「シームレスであれ」に解説されているようにオムニチャネルの本質は、さまざまなステークホルダー間のシナジーにある。シナジーは、それぞれのビジネスの目的と最終顧客の現実的な要求が効果的に符合したときに頂点に達する。その潜在的恩恵は明らかだ。製品に携わる者は、有益な一連の情報と小売のビジネス・パートナーから得られる深い知見を体系的に活用できるため、消費者のニーズを考慮しながら発案と設計に専念できる。一方、流通と小売に携わる者は、製造部門と協力して取り組めるため、期待にかなった製品とサービスを保証できる。

その意味で、私にとってリテール4・0は、タイヤ業界のeコマースにおける現状のビジネスモデルの限界を超えるためのツールとなる。また、製品とサービスが融合し、デジタルとリアルの間の障壁が消滅するような、三六〇度包囲による真のeショッピング経験を実現するためのツールでもある。もはや今日のリテールは、単に当社製品が供給され、薦められ、提案され、販売される場（プレイス）ではない。製品と製品に結び付いたサービスが配備され、全体としてサービス水準と最終顧客にとっての付加価値を向上させる環境となっている。

——そのような背景のなか、ブリヂストンはどのように対応するのか。

世界の人口は急速に増加している。ますます都市部に人口が集中し、消費水準は高まりつづけており、自動車業界も変化している。車はCASE（コネクティビティ：接続性、オートノマス：自動運転、シェアード：共有、エレクトリック：電動化）になりつつある。この好機を前にして、ブリヂストンはタイヤメーカーから、モビリティ・ソリューションのオファーにおけるリーダーへと急速に進化している。プレミアム・タイヤと高品質タイヤのオファリングを、運転者の新たな必要性に応える広範なソリューションとデジタル・アプリケーションで補完しているのだ。その目的は、顧客、最終消費者、そして社会一般にとっての利益を生み出すことである。

一例がブリヂストン・コネクトで、タイヤと車のメインテナンスのための先駆的な予測型ソリューションである。ヨーロッパで展開する予定で、マイスピーディの名でスピーディのネットワークから初めて発売される。マイスピーディは、リアルタイムで車の状態をモニタリングし、運転者にメインテナンス上の問題を知らせたり、予告したりすることで、起こり得る危険な故障を回避し、時間と費用を節約できるように支援する。

モビリティの新たな世界の構築には協力が必要であることを、当社はよく理解している。一社または一人で、あらゆる能力と求められる答えを保有することはできない。ブリヂストンでは、協力がパワーとなっている。まず、当社を構成する従業員自体の協力がある。従業員はオーナーシップを有し、勇気をもって明敏に物事を決定し、会社の目的追求のために一つのチームとして仕事をする意欲がある。しかし、本書に正確に述べられているように、勇気をもつことに加え、企業は自らを〝エクスポネンシャル〟であるととらえなくてはならない。オープン・イノベーションを視野に、外部のエコシステムと協力する必要がある。当社は、社内の努力とは別に、外部のエコシステムによって、ヨーロッパの自動車メーカーとのきわめて強固なリレーションシップを構築することができた。また、技術・データ・物流・リテールといった領域で、継続的に新たなパートナーシップの締結もできている。モビリティの未来に関する当社の前進には、協力に関しても成長が不可欠なのである。

これらすべての実現に必要なのが、競争力と経験の進化である。現に、当社では有能な人材を採用するとともに、ローマに当社のデジタル・ガレージをつくった。これは、イノベーションのためのオープン・プラットフォームである。利便性・データ活用・最大効率をベースとしたソリューション開発には、デジタル・分析・エンジニアリングに関する能力が求められる。社内外を問わず、その能力を機能横断的に結び付けるべく、このプラットフォームは創造された。たとえば、大学生と共にハッカソン（訳注：ハックとマラソンを組み合わせた造語。ＩＴ技術者が一定時間内でソフトウエア開発などのアイデアを競い合うイベント）を開催するため、ローマにある三つの大学と協力した。

――今後三〜五年で、どのような進化を図っていくのか。

自動車業界は、構造的変化の真っただ中にある。前述のように、車がＣＡＳＥになりつつあるからだけではない。デジタル革命が、もっと一般的に、移動と輸送に関する考え方を変化させているためでもある。たとえば、車を保有するよりもレンタルすることを好む人々が増えている。そこで、当社は初のサブスクリプションモデルを用いたサービス、MOBOXを発売した。無理のない月額で、完全に性能保証された新品のタイヤへの交換や、車のためのプレミアムなサービスを提供している。このトレンドは、事業全体に影響を及ぼしている。当然、そこには支援とメインテナンスのサービス、付属製品、部品交換、そしてタイヤも含まれる。

今後数年で進化していく主なものは、接続性と、それに伴い発生するリアルタイム・データの利用であると考えている。データには、車由来のものと、タイヤに内蔵されるセンサー由来のものがある。タイヤとゴム製品の世界最大メーカーであるブリヂストンにとって、デジタル化とビッグデータは新たな好機となり、製造、製品性能、改革・開発プロセス、小売、そしてサプライチェーンに、ポジティブなインパクトをもたらす可能性がある。ブリヂストンは、トランスフォーメーション・ジャーニーを歩み始めている。モビリティ・ソリューションにおけるリーダーになることを最終目的とした旅だ。

単なる製品に比べ、サービスとモビリティ・ソリューションが果たす役割の重要性は、ますます高まっている。今後数年間は、リテールの概念自体の進化に、きわめて良好な環境が整っている。サプライチェーンは細分化しているが、最終顧客向けのプロアクティブなサービスが統合されている真のネットワーク内で多数の人々がつながるという事実から好機が生まれる。また、当社のソリューションで、小売業者の価値提案を充実させることもできる。こうした観点において、当社は、小売業者の戦略的パートナー、事業展開のプロモーターであり続けることを目指している。

ブルックス ブラザーズ

EMEA地域CEO
ルカ・ガスタルディ

分野：アパレル
'17年年商：二億ユーロ
拠点数：五〇〇
URL：brooksbrothers.com

――あなたにとって、リテール4・0とは。

私にとってリテール4・0とは、もはや技術的要素なしではいられないということで、オムニチャネル戦略の導入と人間的なコンタクトの価値化を意味する。

技術は、近年、急速なコモディティ化のプロセスを経験した。より社会的・経済的に進化した市場では、人々は技術を一つの既成事実とみなしている。つまり、製品とサービスへのアクセスを簡単にすべく、すべての企業が利用しなくてはならない要素となっている。小売業界では、アクセシビリティ（到達しやすさ）が重要な革新をもたらした。一方では、サプライチェーンが根底から変化するとともに、予測モデルの改良が進み、アパレル業界ではファスト・ファッションが躍進した。コレクションの準備、オーダー処理、特定リクエストへの対応、納品にかかる時間は著しく短縮した。顧客は、即時性を当然のことと考えるようになっている。

他方では、販売店舗の根本的な変化が続いている。現に店舗内では、仲介を排して顧客と直接リレーションできる技術的サポートの普及が進み、店舗人員の役割が再定義されている。「シームレスであれ」に示されていた点は、成功している小売業者が常に意識している一般的なフレームをよく表している。タッチポイントが増殖するなかで、不可欠なのはカスタマー・ジャーニー全体を通じて顧客に明確で一貫した経験を保証することである。このとき、常に顧客の欲求を起点に、全体を統合するプロセスを実現しなければならない。

人々は、今日、こうしたスタンダードともいえる当然のことに満足を見いださなければ、いつでもすぐにそっぽを向いてしまう。さまざまなチャネルの特性には寛容であるが、製品は常に同じ〝味〟であることを要求する。製品とサービスへの仲介排除において、技術はきわめて中心的な役割を果たすが、一方で高関与型の製品とサービスでは、販売員による〝ヒューマンタッチ〟が価値化されるべきである。販売員には、ブランドのアイデンティティとイメージに合わせて、顧客との共感的エンゲージメント構築が求められるだろう。それゆえ顧客と波長を合わせ、顧客が舞台上の役者であるかのごとくブランドを経験できるようにするために、リアル店舗は不可欠な存在であり続けると考えている。

――そのような背景のなか、ブルックス ブラザーズはどのように対応するのか。

「シームレスであれ」にまとめられていた戦略を適用する試みとして、アメリカで革新的なプラットフォームの開発を進めている。それはBAGAという名で、Buy Anywhere Get Anywhere の略である。このプログラムによって、あらゆる空間的・時間的障壁と在庫リストの壁を取り払い、リアルとデジタルのチャネルにおける最大の自由を顧客に保証している。顧客は、製品情報の確認のために自分に最適なチャネルを決定でき、選択を実行し、最終的に売買を完結できる。

人間的な触れ合いの重要性を高めることにも注力している。そのため当社では、人材教育プログラムで従業員に投資している。一般的な販売員としてではなく、ブランド哲学を伝えるパーソナル・ライフスタイル・アドバイザーまたはカウンセラーとして、顧客と向き合えるようにするためだ。単なる商取引ではなく、卓越した経験の創造に重きを置いているのである。当社が追求している技術開発はすべて、このような方向性に沿ったものである。たとえばボディ・スキャナーは、顧客の身体の実質的なサイズを正確に検出し、身体にぴったり合った着心地の服を実現できる。

データのポテンシャルは認識しているが、当社では、私が〝ソフト〟と呼ぶ方針を重視している。わずかなデータ（氏名、メールアドレス、電話番号）を収集するにとどめ、その後の業務は当社の従業員に託す。従業員が顧客に向き合って言葉を交わし、リレーションシップをパーソナライズしながら、価値ある関係を構築するのである。伝統的な手法であることは明らかだが、当社ブランドのDNAとより合致し、顧客の期待に応えるものと判断している。技術のみを利用するのではなく、当社で働く人の共感力が試される。これが、「パーソナルであれ」の法則を実行する当社の方法である。

最後に、本書に詳述されていた二つの面、ソーシャル・メディアの使用とコミュニティへの配慮について掘り下げておきたい。当社の二〇〇周年（BB設立は一八一八年）を機に、フィレンツェのピッティ・ウォモ（紳士服の見本市）で開催したファッションショーにおいて、ソーシャル・メディア強化拡大の特別戦略を実施した。ショーをフェイスブックのライブ・ストリーミングで配信し、直後に全製品をオンライン購入できるようにしたところ、最高の販売成果を得たのである。また、コミュニティへの配慮に関しては、当社のリアル店舗が、ごく自然に一種のクラブを形成していることを述べておきたい。リアル店舗では、すべての活動が製品中心になされている。たとえば、当社の旗艦店で参加者限定イベントを開催した際には、有名カメラマン、ミシュランで星を獲得しているシェフ、DJや知名度の高いクリエーターが、パーティーでの紳士的な振る舞いや、休暇中あるいは職場で自分の装いに配慮する方法などについて、具体的なアドバイスをした。

――今後三～五年で、どのような進化を図っていくのか。

変容を遂げるであろう主要なものの一つが、販売拠点のフォーマットであると確信している。店舗は、より小型化する方向に進む。ショールームの役割を果たし、そこでは経験と顧客支援が決め手となるだろう。小売のビッグ・プレーヤーたちは、次第に賃料と店舗管理コストを低減していく。

こうした現象を象徴的に表しているのが、「目的地であれ」の法則で触れられていたガイド・ショップだ。

今後数年は、プライバシーの管理というテーマも、重要性を増していくだろう。私が見るところ、成功している企業は、データに基づくミクロターゲティングで効果を上げているところばかりではない。プライバシーの侵害性の低い方針を選択する企業にも、大きな機会がある。ここでも、人間的な要素が中心的役割を果たす。

もう一つ、急速に進展しそうなのが近接技術である。当社では、今後数年でなるべく多くの店舗に導入できるよう、移動体自動追尾システムに投資している。当然、データはすべて匿名性を維持する。この追尾システムによって、人々がどれだけの時間店舗のショーウインドー前で足をとめたか、何が人々の注意をとらえたか、人々がどのように店舗内を動いているかを把握できるようになる。顧客経験の向上とともに、当社のブランドと製品に関する認識をより良くすることが目的である。

ブルネロ・クチネリ

iCEO
フランチェスコ・ボッティリエーロ

分野：ラグジュアリーファッション・アクセサリー
'17年年商：五億三〇〇万ユーロ
拠点数：単一ブランド一二六、マルチブランド・ショップ六五〇
URL：brunellocucinelli.com

――あなたにとって、リテール4・0とは。

顧客について包括的な見方をするということだ。プライバシーを最大限尊重しつつ、デジタル由来の情報をリアルな小売店舗由来の情報と統合する見方である。顧客には、パーソナライズした配慮を向けることが重要だ。このとき、プライバシーの権利を保護しながら、繊細かつ専門的で、親しみやすく人間的で、そしてスピーディで高品質な心配りを行う。CRM（顧客リレーションシップ管理）技術は、企業のデータ統合と、ディスプレイの向こう側に隠れた人々への関心との間で、なんとかバランスをとりながら大幅に前進した。当社は、コミュニケーション、プロモーション、顧客との対話について、礼儀と人間性をもって取り組むことを基本としている。

もう一つの大きな変化は、ブランドが管理しなければならないタッチポイントの数である。新たな世代のデジタル・プレーヤーは、大抵、一貫性のある経験の提供にとても長《た》けているし、多数の

タッチポイントを通じて経験を発展させている。人々の期待は著しくその影響を受けており、より伝統的な企業のインターフェースにおける交流でも、同水準の待遇を要求する。しかし、「シームレスであれ」で的確に説明されていた相互補完は、伝統的な企業にとって、決してたやすいことではない。現在のアプローチとは異なる方向性で選択されてきた数十年前の技術や組織から見直しを始めて、構築しなくてはならないためだ。

――そのような背景のなか、ブルネロ・クチネリはどのように対応するのか。

オンラインを、当社がリアル世界で築き上げてきた経験・雰囲気・趣《おもむき》・礼儀・個性にふさわしいものにしようとしている。当社では二〇一七年初頭から、eコマース事業に関するコミュニケーション・販売・技術・組織を社内で管理している。その実現にあたっては、当社が市場から得られる最善のことを見きわめるべく、技術全般を精査した。とはいえ、当社の企業哲学を見失ったことはない。当社のコミュニケーション戦略と販売展開戦略にふさわしいと結論付けたことだけを、実施するようにした。デジタルで可能になることのすべてが、誰に対しても機能するわけではないし、するはずもない。デジタルは、当社の社長以下、全管理職の日々の業務の一部を成している。外部に委託していないし、社内の隔絶した一部門のものとはとらえていない。

当社は、ICT（情報通信技術）部門とデジタル部門の統合を決めた。それぞれ別のチームではあるが、目的と成長戦略を共有し、一つの方向を向いて進んでいる。デジタルは、当社にとってビジネスの機能であって、人員の機能ではない。なぜなら、デジタルに期待する主要な成果は、顧客との価値の高いリレーションシップの創出であるからだ。両部門が戦略計画を共有することで、とくに重要な技術的プロジェクトの実現に向けて、効果的かつスピーディな組織になれるだろう。具体的な帰結の一つとして、情報共有の水準が高い状態で技術に関する施策の決定ができる。プロジェクト、あるいはツールやプラットフォームを当社ブティックで実施するとき、それらは営業・小売・CRM・デジタル／ICTのチームによる合同作業の成果であるといえる。

　ラグジュアリー・ブランドの場合、高価格品の推奨は、押しつけや非礼と映らないよう、最大の配慮をもって行われる必要がある。当社に関わる小さなことでは、俗に言う〝カート落ち〟に対する戦略がある。しばしば業界では、カートに製品を入れたまま購買を完結していない顧客に対し、リマインダーの送信が採用されている。しかし、この取り組みは当社のブランドとポジショニングには適さないと考えている。そのため、使用しないと決定した。売買の完結を催促して、プライバシーを侵害しているという印象を顧客に与えることは絶対に避けたいからだ。当社ブランドは、当社が好んで〝人間としてのプライバシー〟と定義する細やかな配慮と節度を、他と一線を画す特徴として有している。この観点から、「不可視であれ」の法則を、文字どおりの概念で解釈している。当社ブランドを選んでくれる人のプライベートに干渉するような、いかなる形式も避けているのである。

組織的・商業的視点に関し、当社ではかねて、特定の拠点で販売している製品について、顧客がデジタル・チャネルで問い合わせられるようにしている。加えて、オンライン購入した製品をブティックに返品できるようにしている。根底にある考え方は、店舗がどこにあろうとも、顧客が常に同じ高品質のサービスを受けられるようにすることだ。それが顧客経験となる。顧客にとって特別な経験であるように、そして人間的な満足を得られる経験であるようにと、当社は願っている。

おそらく、デジタルに関する当社の見方を簡潔に示しているのが、eコマースのリアルな側面である。敢《あ》えて物質的側面と言ってもいい。オンライン発注された製品を顧客に送付するときは、毎回、パーソナライズしたメッセージを、当社のチームが手書きでつくって同送している。顧客が手書きの返事をくれることもある。この慣習は、デジタルへのアプローチにおける当社の少々特殊な特徴である。オンライン顧客とのリレーションシップを、できる限りパーソナライズされたものにし、満足を与えるものにしたい。なんとかして、リアル店舗で感じられるものと同じ、気配りと温かみのある雰囲気を再現したいのである。

もう一つ、カスタマー・サービスに関し、とても重要な決断をした。デジタル部門のうち、確固とした中心的役割を果たすのはカスタマー・サービスであると定めた。オンライン顧客とのリレーションシップに携わる人員は、すべて本社で働いており、製造と小売に携わるチームと常に緊密なコンタクトをとっている。彼らは計り知れないほど重要な情報・検証・アドバイスの源泉となっていて、そのおかげで当社のサービスと製品を日々向上させることができる。

――今後三～五年で、どのような進化を図っていくのか。

企業は、「シームレスであれ」に述べられていた方向に進み続けると思う。これまでの数十年間につくり上げてきたサイロを壊し、サービス運用における効果的・効率的な手法を見きわめなくてはならない。たとえば、各ブランド・サイトで購入した製品をマルチブランド・ショップで返品できるといったことである。データと情報は、これまでソーシャル・プラットフォームとeコマースの専有物だった。多くの企業がそれを頼りにしてきたが、データと情報は統合・整理・システム化されなくてはならない。

今後の見通しとして、もっと先を見据えた場合、デジタル世界のいくつかのトレンドは、早期に〝飽和〟に達すると思われる。とくに西ヨーロッパ、アメリカ、中国の若い世代は、すでに十分に成熟し、熟知したメディア利用をしている。そのため、SNSに割く時間やディスプレイの前で過ごす時間が、今後数年でさらに増加するとは考えていない。毎回、革命の初期段階には多幸感による典型的な過剰があるものだが、次世代の人々は、デジタル世界の過剰に対する最強の抗体を備えているだろう。eコマースサイトで製品を購入した顧客一人一人に手書きのメッセージを添えるという対応を、はたしてすべての企業が当たり前にやるようになるかどうか……。

カンパリ・グループ

CEO
ボブ・クンツェ・コンシェビッツ

分野：アルコール、飲料
'17年年商：一八億ユーロ
URL：camparigroup.com

――あなたにとって、リテール4・0とは。

リテール4・0とは、人々の関与についての論理、ブランド構築の新手法、それらに伴う新たな小売戦略である。

マーケティングの世界を根底から変化させた近年の出来事が、デジタル時代の到来に由来することは明らかだ。われわれは、さまざまな観点で、物事が異常に加速し続けるなかを生きている。絶え間なく情報が流れ、人々は、自分の声を企業や公的機関等の団体に実際に届けることができるようになった。ブランドとの関係において、今日、消費者はオーセンティシティ（真正性）と透明性をベースとした対話の実現を望んでおり、そうした対話は、ソーシャル・メディア上などでユーザーが生成するコンテンツを通じて形成される。そして消費者は、時間をかけてブランドを定義し、ブランド・ストーリー構築の一端を担う。

デジタル時代において、マーケターは新たな能力を伸ばさざるを得なくなった。オーディエンスと絶え間なく接触があるということは、かつてのように発信するだけではなく、まさに対話をするということだ。したがって、聞く力が求められ、カンバセーション（ネット上や直接の会話）の展開に合わせ、声音、つまりコンテンツのトーンを変化させなくてはならない。数十年にわたり、メディアに巨額の投資をしながら、ストーリー構築とメッセージ流布をベースとする戦略をとってきた企業にとっては、初めてのことだ。ブランド育成の舵をとるのは、もはや企業の経営陣だけではない。顧客の手にも握られているのである。

技術の民主化と知への即時アクセスは、当社の分野に、もう一つの大きな影響を及ぼした。クラフト製品というブームの発生である。多くのマニアが、ウイスキー、ジン、バーボンを家庭で蒸留するようになっている（訳注：日本では酒税法により禁止）。当社のような企業グループは、注意力と敬意をもって、この現象を観察しなくてはならない。アルコール飲料の文化に対する関心が再燃するなか、そこから利益を引き出すため、自社の価値提案を明示する必要がある。

――そのような背景のなか、カンパリ・グループはどのように対応するのか。

新たな背景から最大限の利益を獲得するため、また変化を読み解くため、本書に書かれていた法則の多くを実行しようとしている。当社製品の特徴を考慮し、最も重要な法則として注力している一つが、間違いなく「人間的であれ」である。書かれていたすべての語義において当てはまる。当社製品をベースにしたカクテルを提供するバーは、世界中に無数にある。そこで生まれる社会性はもとより、できるだけ多くの人々が関与できる方法で、当社のブランドとオファリングを経験してもらう必要性を強く感じている。それを実現するのが、現在、カンバセーションが発生しているチャネルとツールの利用と、当社の活動の本質に光を当てる場の創造である。例として、アメリカで製品発売の際に実施した、フェイスブック上でのライブ・ストリーミングがある。世界中で六〇万人以上の人が、リアルタイムで接続していた。また、本格的な販売開始前だったが、該当製品の仕入れを希望する数十社の流通事業者からコンタクトがあった。

カンパリ・グループにとって、ソーシャル・メディア上に存在することは、企業の社会的責任に対する特別な配慮をも意味する。たとえば、二〇一三年から、ネグローニの販売収益を慈善活動に振り分ける一週間「ネグローニウィーク」を実施している。世界中でこの企画に参加するバーは、わずか五年間で一二〇から一万以上に増加しており、大きな成功を収めている。この間に一五〇万ドルを調達し、チャリティ・パートナーに送金した。

話を戻すが、当社では、〝社会性〟の中核を成すのがブランド経験であると考えている。ただし、一貫性をもって本物のブランドの価値を育む経験でなくてはならない。近年、当社はブランドの物理的な規模拡大に大きく投資しており、これにより当社のブランドは、消費者との従来型接点の枠を超えている。「目的地であれ」に示されていた内容とも合致するが、ジャマイカにザ・ジョイ・スペンス・アップルトン・エステート・ラム・エクスペリエンスを開設した。当社の製品分野では、人々はブランド・ストーリーと製品にまつわる伝承に大きな関心を示すことから、当社は真のブランド・ハウスをつくりたかった。施設は島の中心部、サトウキビ畑の真ん中の魅力あふれる場所にあり、ブランドへの愛着を深めることができる。さらに製造工程に親しみ、世界最高級のラムを、その発祥の地で味わえるのだ。

――今後三〜五年で、どのような進化を図っていくのか。

当社が向き合わなくてはならない主なトレンドの一つに、当社製品に関する消費習慣が陳腐化するリスクがある。財とサービスを入手する際の即時性と柔軟性に、人々が一定の関心を抱いていることを示す明白な証拠がいくつかある。当社製品のファンは、今後ますます、オンライン注文するなどして、好きなカクテルを作るための必需品すべてを購入したいと望むようになるだろう。当社はもちろん、その欲求の邪魔をするつもりはない。それどころか、数時間後に急遽《きゅうきょ》、アペロールスプリッツ・パーティーを開くことにした人をサポートしたりしている。ただこのようなとき、当社の基本的な製品情報の共有や、カクテルの作り方、使用量、サーブ方法全般について、注意を払う必要がある。当社は、できるだけカンパリのDNAを傷つけずに、誰もがパーソナライズされた経験をするよう図らなくてはならない。さもないと、当社ブランドの付加価値が希釈され、コモディティ化のプロセスに火が点《つ》くリスクがある。

もう一つの進化は、「エクスポネンシャルであれ」への動きである。当社は、スタートアップの世界を注視している。そして、〝おいしく飲む〟文化をできる限り普及させることを目的に、いくつかの協力を推進している。Stirredが好例だ。Stirredとはアメリカで発売されたモバイル・プラットフォームで、家にある製品で人々がカクテルをつくる手助けをする。さらに、ユーザーは、レシピを調べたり、季節やさまざまな検索履歴に基づきパーソナライズされたメッセージを受け取ったりできる。当社にとっては、有益な情報を抽出したり、人々の要求や好みを把握したりするための最高のラボでもある。

さらに、「勇敢であれ」で掘り下げられていたテーマは、とても刺激的だととらえている。世の中は非常に速いスピードで回っているため、往々にして、スタートアップ企業で採用されているアプローチをとらなくてはならない。〝完璧を目指すよりまず遂行せよ〟である。マーケティングやコミュニケーションの分野では、まさに真実だといえる。承認や見直しの長いプロセスを踏むことはできないし、ブリーフィングからキャンペーンまでに数週間、あるいは数カ月も経過させるわけにもいかない。今後数年間は、当社の顧客と常にコンタクトし、旬なテーマについて対話していく必要がある。多少の間違いを犯そうとも、ますます勇気を出さなくてはならない。

カルフール

プライベート・ブランド部長
グレゴワール・カウフマン

分野：大規模スーパーマーケットチェーン
'17年年商：七八〇億ユーロ（プライベート・ブランド：一一〇億ユーロ）
拠点数：一二、〇〇〇
URL：carrefour.com

――あなたにとって、リテール4・0とは。

コミュニケーション・モデルが縦から横になったことだ。当社のようなプレーヤーはいずれも、歴史的にATL（above-the-line）とBTL（below-the-line）のマーケティング手法に則って、製品のオファーを発信していた。しかし近年、これらのアプローチは重要性を失っている。実際に、発信する側と受け取る側は同じ階層にあり、相互にインタラクションしている。そのため以前に比べて、人々は製品のオファーに対して発言できるようになっている。人々は即座に情報をやりとりでき、ニュースを拡散している。製品やサービスに問題があれば、きわめて短時間で注意を促すことができる。ブランドや小売業者の商業的オファリングは、顧客と共に決定されるようになっていて、一種のコ・デザイン（協調設計）により価値提案が決まるのである。

私にとってリテール4・0とは、ブランド・ロイヤルティの進化でもある。当社にはハイパーマーケット、スーパーマーケット、ディスカウント・ストアがあるが、当社の顧客は年平均七店舗を利用する。業態に対するロイヤルティはどうやらまだありそうだが、チェーン店に対するロイヤルティはほぼ消滅したに等しい。業界を支配している要因は、今もなお近接性である。この事実は、社会面・人口動態面からも読み取れる。高齢化によって、顧客は買い物に出るために車を運転することを好まなくなっている。ここに、顧客の住居の近くに小型の販売拠点を提供する好機がある。店舗に週三〜四回ほど出向き、二四〜四八時間ぐらいのうちにどうしても必要なものだけを買う。買い物袋をいくつも運びたくはない大衆に、当社は向き合っているのである。

リテールにとって、もう一つの大きな変化が、データの使用であることは間違いない。今日、顧客リレーションシップ管理は、過去に比べて大幅に進化している。大規模流通組織では、歴史的に数々のデータを利用してきた。だが近年、巨大なデータベースの処理で大きな進歩があった。データマイニングによって貴重な情報を抽出し、われわれが向き合う人々の精緻《せいち》な姿を浮き彫りにできるようになった。

――そのような背景のなか、カルフールはどのように対応するのか。

カルフールは、人々の要求に最大限適合させるべく、オファリングの簡素化に向けて進んでいる。いくつかのケースでは、消費者にとって本当に重要なものだけに品ぞろえを絞り込む。別のいくつかのケースでは、対象となる社会的コミュニティの要求をベースとした業態の定義に全力を尽くしている。

技術の利用に関しては、大企業であるフェイスブックおよびグーグルと重要なパートナーシップを結んだ。これにより、「パーソナルであれ」に示されていた方向に進むことができる。検索エンジンに入力されたキーワードを基に、あるいはSNSのプロフィールに存在する情報を基に、パーソナライズしたオファリングで人々に到達できるからだ。たとえば現在、イタリア市場で、試行的なプロジェクトを稼働させている。スマートフォンで位置情報をアクティブにしているユーザーが、グーグルでコーヒーに関する情報を検索すれば、そこから一番近いカルフールの販売拠点で使用できるディスカウント・クーポンを受け取れるというものだ。

一方、フェイスブックとは、郵便番号の検索から、特定の店舗にひも付く重要な顧客クラスターの割り出しに取り組んでいる。興味や趣味でフィルターにかけ、可能な限り精緻なセグメンテーションができるよう、必要な情報の獲得を図っている。クラスターが確定したら、的を絞ったオファリングを、その人たちに差し向ける。写真・投稿・基本データ等々を分析するフェイスブックの人工知能（AI）を用いて、たとえばある顧客が犬を飼っているとわかれば、カルフールは、大切なペットのための製品に関するメッセージを送ることができる。今のところパイロット・プロジェクトであるが、すでにベスト・プラクティスとなっていると胸を張って言える。これを、イタリア以外の市場でも導入していきたい。
最後になるが、ユニリーバと共に歯ブラシに関するプロジェクトも開始した。販売データの分析から、顧客が当社の店舗で一年間に何本の歯ブラシを購入するかを把握し、定期的な歯ブラシの交換の重要性を認識させる教育的コンテンツを構築したのである。人々の健康のために。そして、当然のことながら当社の売り上げのために。

――今後三～五年で、どのような進化を図っていくのか。

今後三～五年で、カルフールが属する業界に格別大きな変化があるとは考えていない。これまでもトレンドに乗るには、常にある程度時間がかかっていた。買い物中におけるスマートフォンの潜在能力のことは考えている。そこには、可能性と収益性が無限にあるからだ。だが、スーパーマーケット内での買い物中に、顧客が常時スマートフォンを手にしているとなると、たとえば洋品店で靴を選ぶときに生じる場合とは異なり、むしろ快適性を削《そ》いでしまう。食料品店におけるスマートフォンの使用は、他分野に比べて急速には進展しないだろう。
購買行動が迅速になるよう努める必要はあると思うし、顧客の買い忘れを防ぐため、複数の製品を関連付けられる品ぞろえに努めなくてはならない。カルフールでは、店舗での滞在時間が延びるだろうと期待した技術革新を導入するたびに、毎回拒否されてきた経験がある。人々にとって、スーパーマーケットに行くことは、機能的な事情によるのである。したがって、「不可視であれ」に述べられていた内容に賛成する。この法則は、効率の必要性と心情的関与の低さのため、おそらく他業界に比べ、当社の業界ではより一層重要である。

自動レジといったソリューションは、理論的には精算のスピードを速めるものなので、大成功を収めていると考えたくなる。現実には、カルフールではそうはならなかった。人々の大半は、精算時に物理的にも精神的にもエネルギーを使いたがらない。レジ担当の人員との交流を評価するので、レジの人員が購入者に注意を傾けてくれたり、話しかけてくれたりすることを望んでいる。

敢えて言う。店舗は、大規模流通組織の場合はとくに、人々が人間性と社会性へと回帰する舞台たり得る。技術への狂騒とスマートフォンを介した社会性を経て、人々は、再び人と会ったり、物売りの周りに集まったりすることを望んでいるように見える。かつて、広場や商店街、市場などでは、そうだった。だからこそ、「人間的であれ」の法則は、当社にとって決め手となることだと思う。

近所の店がコミュニティの集合場所のような形になれると、強く確信している。実際すでに、人々が集まる場所、共通の必要性をもった人々の出会いの場となっている。結論として、私が大規模流通業の近未来に見るのは、〝ビーコン（beacon）〟よりもずっと〝ベーコン（bacon）（訳注：アメリカなどでよく使われるダジャレ）〟だと言いたい。

コチネレ

CEO
アンドレア・バルド

分野：ファッション（バッグおよび付属品）
'17年年商：九〇〇〇万ユーロ
拠点数：一四四
URL：coccinelle.com

――あなたにとって、リテール4・0とは。

リテール4・0とは、消費者のエンパワーメントである。これまでも議論されてきたことであり、マーケティングにおける新しい論説ではないが、デジタルトランスフォーメーションがその概念を具現化した。今日、ブランドに対して人々がとるさまざまな態度や性向に、パラダイム・チェンジを見ることができる。おそらくその最も明白な例は、人々が普通にたどる複雑化した新しいカスタマー・ジャーニーである。人々は、自分の購買・消費決定に関しては自らが主人公であると理解した。そして、小売業者はこの前提を考慮しなければならないと考えている。

われわれイタリア人にとって、これを受け入れるのは少々難しい。イタリアとイタリアの企業経営者には、製品中心の伝統がある。これまでずっと製品の改良を追求し、競合に勝る品質の製品を有するべく戦ってきた。ところが問題は〝中心にいる〟消費者が、モノづくりをする側が期待する合理的な選択をしないということだ。今も多くの企業が、より優れた特徴を提案する企業との比較に注意を払っているが、もはやそれは時代にかなっていない。かつては、情報の不均衡によって、マーケターは優位な立場にあり、製品またはサービスが有効であれば、成功するのは必然だった。

しかし、接続性の時代に、それはもはやあり得ない。顧客どうしのコミュニケーションが購入性向を形成する基礎となっている。本書で強調されているように、製品の品質は、ある意味必須の前提条件である。そして、しばしばクチコミの重要性が広告を上回る。したがって、製品について語る前に、ブランド・ストーリーを語る必要がある。ブランドはいつも、自らについて話すことが得意だった。情熱をかき立てるような逸話や魅力的なストーリーテリングに長けているが、ストーリテリングは、もはや企業の専売特許ではない。人々が積極的に貢献するものになった。以上の事実から、現在の挑戦が始まる。

デジタルの力に起因するリテール4・0の重要な特徴のもう一つは、ビジネスが直面し得る地理的・時間的障壁がすべて崩壊したことだろう。今日、ブランドにとって、主力となるメーンのオファリングの構築は必須ではない。だが、さまざまな国に散在するニッチな市場に、それもとても小さな市場に、アクセスする可能性を有している。「キュレーターであれ」でニッチ・マーケティングについて解説している箇所は、私の考えそのままを表している。

――そのような背景のなか、コチネレはどのように対応するのか。

コチネレでは、消費者を中心に置くことにした。当社は常に、品質と価格のバランスがいいとみなされてきたことは承知しているが、消費者を中心とした強固なブランド経験の構築の必要性を認識したのである。これを実現するため、まず投資すべき領域としてリテールを選んだ。同時に、デジタル・チャネルとソーシャル・メディアにも真摯《しんし》に取り組み始めた。ブランドの価値からぶれないストーリーを伝えたいという意志のもと、顧客経験全体を最適化するという野心的な目標を設定し、販売チャネルの周囲にストーリーテリングの構築を進めている。たとえば、ソーシャル・メディア上にあるコンテンツは、常に当社のｅコマースサイトで目にすることができる。

店舗では製品について語らなくてはならないが、とりわけ製品に関連付けられる経験についても語る必要があると、コチネレでは考えている。そう確信し、ミラノの新しい旗艦店の設計に、イタリアとは異なる国々の建築家に参加してもらった。目指したのは、時を過ごすのに好ましい空間、皮革製品の販売だけではない、幅広い機能を果たせる場の創造である。このように考案された店舗は、経験を伴う消費のプラットフォームとなる。この道を進むことによってのみ、顧客に忘れがたい記憶を残すことができる。顧客は、ソーシャル・メディア上で記憶を共有したくなり、前述のクチコミが回り始めるかもしれない。伝統的な評価法に触れておくなら、平米あたりの収益もこの方法で増加させられるだろう。製品カテゴリー間のクロスセリングの可能性が高まるほか、オンラインでスタートした購買経験を店舗で完結させることができるからだ。

本書で解説されていた「人間的であれ」の法則についても、少し触れておきたい。現に、当社はこれまでに、社会的責任に関するさまざまな取り組みを実施している。たとえば、倫理的・社会的テーマに関する意識向上を目的に、関連製品のイベントを受け入れたり、当社が賛同する非営利団体を支援したりした。これらの取り組みは、とくに地域レベルで展開した。

だが現在は、世界規模のプロジェクトに向けて積極的に活動している。二〇一八年のクリスマスでは、社会に必要だと考える改革について語る企画があり、他社ブランドと共に参加する予定である。店舗は、ストーリーを伝えるための場とツールになるのだ。

――今後三～五年で、どのような進化を図っていくのか。

遅かれ早かれ、すべての企業が自らのコンフォートゾーン（快適な領域）から出ることになるだろう。われわれは、試験し、実験し、学び、再び試さなければならない。だからこそ、従うべき最も重要な法則は「勇敢であれ」だと思う。とても不安定で急速に変わっていく世の中にあっては、勝利の定型パターンは存在しないし、既成の手引書もない。本書に要約された一〇の法則はとても有益な出発点であるが、進むべき方向の目印であり、各社が独自に掘り下げなくてはならない。各社の状況によって、法則のもつ意味が異なるからだ。経営者は、法則を自分のものにし、それをベースとして自社の競争優位を築かなくてはならない。

将来を考えれば、「パーソナルであれ」に書かれていた内容にとくに納得する。コチネレが属する分野では、プロダクト・マーケット・フィットの向上がカギとなるだろう。つまり、市場の要求に対し、自社製品のオファーにおける効率と効果を最大にする能力である。また、ファッション業界では、定価で販売される製品はほんの一部に過ぎず、残余はセール時に回される。業界各社に共通するこのお決まりのコースから逃れられる製品を創造しなくてはならない。プロダクト・マーケット・フィットは、われわれ企業が有するデータと情報で向上させることができるはずである。

コチネレでは、すでにターゲットを絞り込みペルソナによるカスタマイゼーションに注力しており、顧客の期待にかなう製品を提供するため、多種の情報をデザイナーに与えている。だが、真のパーソナライゼーションに到達するための道のりはとても長い。当社では、製品のパーソナライゼーションよりも、リレーションシップのパーソナライゼーションが重要だと考えている。また、コチネレの価値は、顧客が製品で〝遊べる〟ことにもあると確信している。当社ブランドが提供するさまざまな付属品を使い、顧客は自分だけのものを創ることができる。これを目的とした場合、企業が完璧な製品を創造する能力よりも、人々が表現する場のほうが不可欠である。完全に期待に即した製品を川上で実現するのは技術的に難しい。また、長期的にロイヤルティを生み出していけるとは思えない。なぜなら、長期的なロイヤルティは、ブランドと人々との関係における娯楽的な面に支えられる必要があるためだ。

この視点において、ＤＩＹ（do it yourself）は最高の機会であると思う。顧客が一種のキャンバスから出発して、〝自らの〟製品の創造に参加することになるからだ。キャンバスとは、自分にとって完璧な製品で、自らのアイデンティティを表現するための周到に用意されたベースである。

ディズニーランド・パリ

デジタル・バイス・プレジデント
ジュリエット・ブロン

分野：エンターテインメント、テーマパーク
'17年年商：一二億ユーロ
'17年来園者数：一四八〇万人
URL：disneylandparis.com

——あなたにとって、リテール4・0とは。

私にとってリテール4・0とは、何よりもまず本書の一番目の法則、「不可視であれ」だ。当社のミッションは、来園者が自分をとりまく世間を〝忘れる〟ことができる〝魔法〟の時間を創り出すことである。それほどまでに没入型の経験、かつ毎年数千万人が享受できるくらいシンプルな経験を創造する唯一の方法として、当社の機構全体がすっかり舞台裏に隠れているようにしている。

「不可視であれ」という考え方は、技術的改革を評価するときにも用いている。まず人々の現実的なニーズを特定し、実際に開始する前に潜在的ユーザー群を対象に多数のテストを実施する。理想としては、当社が提供する経験を満喫してもらうために、来園者にいかなる認知的努力も要求しない。したがって、園内での各経験を簡素化し、常にあらゆるフリクションの最小化に努めている。

ユーザー中心が当社の決定の基準である。それは三〇〇〇ある当社のサプライヤーに関しても同じであり、八五〇〇の客室、五五のレストランと一三のカフェの顧客に関しても同じである。

現在のリテールにおけるもう一つの意味深い面が、「シームレスであれ」に関することだ。たとえば、当社のウェブサイトはほんの数年前まで、多言語ではあったが、全ユーザーに同じ情報を掲載していた。現在は、より細かく来園者のニーズに応える必要性を感じ、顧客が接続する機器の種類や接続する場所、ディズニーの世界との親しみ具合やパークに関する知識のレベルに応じて、異なるコンテンツを提供している。オーディエンスとのリレーションシップをカスタマイズすると決めれば、すべてのタッチポイントの一貫性と調和の保証が一層重要な決め手となる。でなければ、ユーザーに混乱を招いてしまう。このような複雑さは数年前までまったく存在しなかったが、現在は避けて通ることができない。

――そのような背景のなか、ディズニーランド・パリはどのように対応するのか。

「勇敢であれ」と「エクスポネンシャルであれ」に述べられていた発想で、デジタルトランスフォーメーションに対応している。その一つとして、当社の価値提案に検討を加える努力をしている。検討の際には、顧客経験とそのスムーズさの妨げとなる弱みの解決に重点を置き、「勇敢であれ」に書かれていたリーン・スタートアップの手法を用いて進めている。検討したプロトタイプは潜在顧客のクラスターでテストし、次のバージョンの向上に役立つヒントをできるだけ多く抽出する。この作業を短期間で行うことによって、いくつかの改革を実現した。その一つが専用カードで、来園者は現金やクレジットカードに触れることなく、園内を自由に動き回ることができ、ホテルの部屋のドアの開錠もできるようになった。カードで予約できるサービスやアトラクションもある。ディズニーランド・パリの公式アプリも同じ原則に従って実現した。簡素化とパーソナライゼーションされた公式アプリは、来園者の経験に関する〝コントロール・パネル〟になってほしいと願っている。

一方、オープン・イノベーションに関しては、先頃、ザ・キャッスル・ハブを開設した。スタートアップ企業との協働を探索するためのオンライン・プラットフォームである。基本的な考え方として、来園者にとって興味深いソリューション、とりわけ当社の活動に無理なく組み込むことができるソリューションを提供できる企業とパートナーシップを結ぶ。提携する企業には、世界有数の観光地ともいえるパーク内で、彼らの製品を実動あるいはサービスを実践する機会を提供している。

協働企業を選ぶコンテストは、当然のことながらディズニーの方式で実施した。選ばれたスタートアップ八社に来園してもらい、人気のアトラクションの一つ、タワー・オブ・テラーに乗って、文字どおりエレベーターピッチ（訳注：エレベーターの乗車時間のような短い時間内で相手に説明すること）をするよう依頼した。従業員とマーケターから成る審査員会は、三分でアイデアをプレゼンテーションする能力も考慮し、勝者を決めた。タワーで、すごい速さで上下する特殊なエレベーターに揺さぶられなからである。参加した企業は皆、かつてない楽しいコンテストだったと言っていた。楽しかったということはさておき、このコンテストで、とても興味深い企業と付き合っていく可能性を得た。今後、園内のアトラクションに関連したプロジェクトを、彼らと開発していくことになるだろう。

スタートアップ企業のLinebertyは、その意味で興味深い事例である。同社とは、行列をコントロールするサービスの実現で手を組むが、早期に当社の公式アプリに取り込む予定である。来園者は、順番がナンバリングされたバーチャルの整理券をこのアプリからダウンロードでき、特定のアトラクションで自分の順番が来たら移動すればいいので、列に並んで待つ必要がなくなる。

――今後三〜五年で、どのような進化を図っていくのか。

二〇一八年二月、当社は二〇億ユーロに相当するディズニーランド・パリの拡張計画を発表した。その計画にはウォルト・ディズニー・スタジオ・パークの改変計画も含まれ、多数の新アトラクションやショーに加え、新たに「マーベル」「アナと雪の女王」「スター・ウォーズ」のエリアを造る予定である。デジタル・イノベーションは、当園の進化においても中心的な役割を果たすことになり、AR（拡張現実）とVR（仮想現実）の技術による没入型の経験を計画しているほか、新公式アプリを用いた来園者と当園のサービスとの新しい交流方法の導入が予定されている。他分野の企業と同様に、使い勝手のいい手法で未来に向けた計画を立てるとともに、消費者の強まるウォンツとニーズに素早く自らを調和させていくことが、当社にとってカギになると考えている。

当社の場合、さまざまな国から膨大《ぼうだい》な数の来園者があり、デジタル・リテラシーも当社〝製品〟についての詳しさもさまざまなので、データとウェブ解析による慎重な研究を基に、経験を最大限パーソナライズできるソリューションを開発することが不可欠である。「パーソナルであれ」で概説されていた内容は、事実、今後数年を読み解くカギの一つである。だからこそ、ディズニーランド・パリでは、受け取るフィードバックにとくに大きな注意を払い、当社のオファリング向上に役立つ情報を各インタラクションから引き出そうとしている。将来的には、機械学習技術によって、データ加工の自動化とスピード化を図り、ますます来園者に近付き、来園が記憶に残るものになるようにしたい。

イータリー

創案・創業者
オスカー・ファリネッティ

分野：食品
'17年年商：五億ユーロ
拠点数：四二
URL：eataly.net

――あなたにとって、リテール4・0とは。

私にとってリテール4・0とは、デジタルトランスフォーメーションと同義語である。ただし、ここではデジタルトランスフォーメーションを、人工知能とインターネットの世界の統合と解釈する。われわれは人類の歴史上、火の使用の次に重要な発明品を前にしていると言える。考えてみれば、現にデジタルには巨大な影響力、革命的な影響力があった。われわれは、時代を画す変化のなかを生きている。変化は、社会を横断し、政治からビジネスに至るまで、人々の生活に関わるすべての領域で起きている。したがってわれわれは、この変化と変化から生じるパワーを認識しなくてはならない。

具体的なところで小売業界へのデジタルの適用を考えてみると、オンライン販売の可能性が重大なテーマだとすぐにわかる。eコマースが確たる成功を収めている分野を分析すると、価格差が縮小し、販売環境が全般的に悪化しているのが見て取れる。こうしたことが確認されるのは、人間は偉大な発明に触れると、どうしても当初は不確実で困難な時期を過ごすものだからだ。一〇〇万年以上前に火を発見したときにもそうだったし、今日のデジタル革命でも同じことが起きている。時代を画す発明品を前にして、われわれはそれを使いこなすことができない。多幸感に流されるまま、時には少々漂流してしまう。eコマースにおける問題は、実質的に目先のことしか見ていない点にある。それゆえ、オンライン購入の利便性だけを頼みにするようになり、結果として以前は健全だった多くの市場が困難を抱えることになった。

食品市場は逆に、リテール4・0のシステムのなかで一般的にポジティブな状況にある。ただし、デジタルを操り成功しているプレーヤーはほんの数社しかない。世界最大の小売業者であるアマゾンでさえ、オンランドの企業、すなわち売れる製品が生まれる文脈に関する深い知見を有するリアルな小売業者を買収しなくてはならなかった。この事実は、境界が次第に消滅しつつあることを明確に示している。とりわけ、本当に大切なのは消費者の期待を裏切らないことだという事実の証明となっている。

――そのような背景のなか、イータリーはどのように対応するのか。

つまるところ〝商人〟とは、別の誰かがつくった財を買い、商品陳列棚に並べる人である。棚がバーチャルだろうとリアルだろうと同じで、生産者の創造性とそれを選ぶ人、すなわち最終消費者の要求とをうまく取り持つ。〝商人〟はつなぎ目の役割を果たすが、他の二者に比べ、想像力を働かせる余地は小さい。イータリーも、二者の勢力の交わるところに身を置いているが、当社が工夫を加えられる余地を増やすべく継続的に努力している。目標は、このトライアングルにおいて最高の創造性をもつ勢力となり、すべての顧客にとっての付加価値を増加させることである。

当社にとって幸運なことに、多くの消費者が売買よりも一歩進んで、製品の周囲にある経験に関心を示している。基本となるのは、新しいタイプの消費者にリアルなマーケットのすばらしさを体験させることだ。マーケットとは、色と匂いと味で満たされた広場である。まさにこれが、イータリーの潜在能力を最高に表現できるフィールドと言える。イタリアの料理とワインの傑作を扱う〝キュレーター〟として想像力を表現する場である。人々は、単に気晴らしや好奇心のためだけにでも、当社の店舗に入る。数字がそれをはっきり示している。たとえば、ニューヨークのダウンタウンにある当社の店舗は、数年間、マンハッタン全体で最も人が訪れた五カ所のうちの一つとなっている。

リテール4・0を実践するためのもう一つの中核テーマは、店舗における新技術の導入方法である。将来的には、店舗におけるデジタルの多彩なサポートを的確に強化していく予定であるが、消費者の現実的なニーズを常に考慮しなければならない。そうすることによってのみ、技術自体を目的とした適用に引きずられるのを避け、適切な技術を注意深く選別できる。イータリーが望んでいるのはツールよりも恩恵が際立つ経験であって、恩恵を生むツールではない。

その意味で、「不可視であれ」に述べられていた概念をとても気に入っている。顧客に一切負担をかけることなく有効性を発揮する技術革新が生まれない限り、イータリーでは専《もっぱ》らアナログな経験を維持し続ける。その一方で、すでにデジタルは別の基本的な役割を負っている。当社の店舗に足を踏み入れる人は、デジタルのおかげで製品に関する一定の知識をすでに有しているからだ。そのため当社では、購買・消費経験におけるもっと心情的な要素に集中できるのである。

データの問題に関しては、深い考察が必要だと思う。デジタルのビッグ・プレーヤーは、人々の好み、人々の感情、人々の挙動を追跡できる。私の考えでは、こうしたすべてが乱暴に人々のプライベートの領域を侵している。私はメンバーズ・カードにすら反対だ。だからイータリーにはない。当社では、煩《わずら》わしいやり方で顧客に情報提供を依頼したくないし、販売拡大のために頻繁にコンタクトすることもしたくない。プライバシーの尊重はやがて大いに報われ、当社の顧客から評価されるだろうと考えている。


――今後三〜五年で、どのような進化を図っていくのか。


ちょっとした挑発をしてみたい。

オンライン販売市場は、コスト計算を見直さない限り、リアル市場のように健全な普通の市場とはならない。遅かれ早かれ、コスト計算がすべてを片付けてくれる。オンライン上の製品は、いずれリアル店舗で購入される製品よりも高くならざるを得ない。リアル店舗では、車に乗るか公共の交通手段を利用するかして店舗に行く、製品を棚からとる、それをカートに入れるなどの一連の活動が消費者に託されている。一方、オンライン販売の場合、人々は単に一つのサイト上で選び、注文した製品を手間なく自宅で受け取る。ということは、販売者はまず、倉庫から製品を取り出し、梱包《こんぽう》し、発送し、納品する人を有していなくてはならない。

これらのシンプルな要因を考慮すれば、伝統的な店舗に比べeコマースが負担するコストのほうがずっと大きいことは確実である。オンライン店舗が皆、収支を合わせるのに四苦八苦しているのは偶然ではない。したがって、いずれ調整局面が来る。そして価格が逆転し、オフラインよりもオンラインのほうが高くなると考えている。

結論として、当社が属する分野の今後の発展に関しては、「勇敢であれ」において適切な主張がなされていたように、唯一確実なのは変化を受け入れる勇気が求められるということだ。びくびくしながら危険が過ぎるのを隠れて待つような〝ダチョウのやり方〟（訳注：イタリアで使われる慣用表現）を避け、文脈を分析し、新しいソリューションを実験しなくてはならない。勇気こそ、市場で事業を続けていくために小売業者が手にしている唯一の原動力なのである。

ヘンケル

デジタル部門最高責任者
ラミン・クレス

分野：FMCG（日用消費財）
'17年年商：二〇〇億ユーロ
URL：henkel.com

――あなたにとって、リテール4・0とは。

リテール4・0を理解する一番の方法は、アベイラビリティ、つまり利用可能性について考察を深めることだと思う。数年前まで、情報とコンテンツのアベイラビリティは乏しかった。テレビ番組を見るために放送時間まで待つこと、数の限られたチャネルから選ぶしかないこと、買い物の大半を近所の店で済ませること、別の町や外国に本部がある事業者からものを買うと何週間も待つこと、これらはすべて当たり前だった。とりわけ、自分たちが購入する製品・サービスを販売している企業の行為について、信頼できる情報の入手などできないという考えを当然のこととして受け入れていた。すべて、それが普通だったのだ。

アベイラビリティの概念を日常生活に当てはめて見直してみると、物事がどれほど変化したかに気付く。デジタルトランスフォーメーションの影響が手にとるようにわかるのである。現に距離の短縮、市場へのアクセスの民主化、事業者側と消費者側の情報不均衡の縮小、等々、異種混成の観点で多くの領域に影響が見られる。今日われわれは、ほんの少し前と比べ、膨大な量と種類の製品にアクセスできる。こうしたトランスフォーメーションは、あらゆる分野で大きな影響力を有し、現在も影響し続けている。以上のような動きによって、消費者の意識はますます高まり続けている。

ブランドに対するロイヤルティと企業の社会的責任も、近年の変化で決定的に揺らいだ。この二つの概念はいずれも、接続性以前の時代には、まさに情報不均衡をベースとして成り立っていた。企業は、自社に都合よく情報が流れるように、いともたやすくコントロールできた。企業の側に問題視すべき点があっても、人々がそれを知るケースはほとんどなかったため、たまに漏れるとそのたびに本格的なスキャンダルとなっていた。だが、今は明らかに状況が違う。これに関しては、「誠実であれ」と「人間的であれ」に効果的に記されている。デジタル時代には、企業が顧客の信頼を勝ち得て、それを維持していくことを望むなら、顧客一人一人に、選んでもらった対価として具体的な価値を提供すべきである。かつて商人は、トレンドを先取りできるほど、大衆の習慣と嗜好を熟知していた。ある意味でわれわれ企業側は、商店の主人と常連客の関係を調整していた力学を回復するために、技術を利用していると言えるだろう。

――そのような背景のなか、ヘンケルはどのように対応するのか。

企業は、〝デジタルトランスフォーメーション〟の概念について、各社それぞれの解釈を採用すべきだと思う。市場分野、デジタル革命の到達段階、企業のビジョン、事業におけるデジタル成熟度、ターゲットのデジタル・リテラシーといった要因によって、異なる選択肢を設けて事業を進めていくべきであり、その帰結としての成果も異なるからだ。企業におけるトランスフォーメーション・プロセスの理解を目的に、私は「三つの視野」という理論を構築した。どのような企業にも適用できるモデルであるが、当然のことながら結果は各社で異なるだろう。

視野一：企業のコア・ビジネスへのデジタル技術の適用である。目的は、事業の効率化、製品品質の向上、環境への影響の削減、人々のニーズとウォンツの先取り、課題解決、等々である。

視野二：企業の価値提案を発展させる方法について議論する。新製品・新サービスを実験する、代替ビジネスモデルの仮説を立てる、新プラットフォームによる販売成果拡大を図る、等を行う。ここでの主要目的は、需要の変化を先取りし、未来に担保されるべきあらゆることを〝自らの血肉にして〟おくことである。

視野三：ここは私がムーンショット(月への打ち上げ)と呼ぶ行動である。事業内容から遠く離れているとしても、未開拓の地を目指した進出を行うことである。

以上の視野を三つとも備え、正確に焦点を見きわめ、適切に資産を手当てし、明確な目標を設定し、企業は行動すべきだと思う。理想的な資産配分は、目安として、七〇パーセントが視野一、二五パーセントが視野二、あとの五パーセントが視野三だろう。資産配分は、三つの視野の進展と到達結果に応じて、定期的に見直さなければならない。

ヘンケルでは、「エクスポネンシャルであれ」と「勇敢であれ」に表されていたことを強く信じている。今日はかつてないほどに、人が企業の主要な資産であり、人材育成投資は会社の未来への投資であると、私は強い確信を抱いている。これは、「人間的であれ」で販売人員の場合について述べられていたエンパワーリングのテーマに再びつながる。当社ではデジタルと技術に関する知識を更新・深化させる目的で、〝ヘンケル・デジタル・アカデミー〟と名付けたさらなる人材育成投資プロジェクトを始動させている。

――今後三～五年で、どのような進化を図っていくのか。

ここ数年で企業が優先すべきことの一つは、自社のコア・ビジネスに対して技術が果たす役割の十分な理解である。技術とは酸素のようなもので、人が生きていくために必要だが、人生をどうするかは自分で決めなくてはならない。技術は具体的な目的を達成するための手段でしかなく、データは当然、すべての企業にとって排除できないものになる。だが、〝なぜ〟と〝何〟を予め明確化しておかなければ、データ自体を目的とした技術の追求となるリスクがある。この二つの明確な前提条件を得られる唯一の方法は、顧客との対話を確立し、そこからニーズを把握し、欲求を先取りすることである。この点においては、技術が当然中心的な役割を担う。とくに、リアルの販売チャネルの保有という利点をもたない企業にとってはなおさらだ。

話を目的に戻せば、企業が取り組むべき主なことの一つは、どのようにデータを利用するかの理解であると考えている。データは、社会的に責任ある方法で、しかもビジネスにとって、また価値連鎖に関わるすべての人にとって、利益になる方法で利用されるべきである。データが与えてくれる可能性を、ビジネス上の目的や販売拡大のためだけに利用することは、もはや受け入れられない。むしろ、価値の還元、提案する製品・サービスの継続的な向上、課題解決といったことが不可欠になる。今後は価値提案という概念自体がもっと流動的になるだろう。それゆえ企業は常に耳を澄まし、的確に反応せざるを得なくなる。それは、決然たるメンタリティの変化である。

「エクスポネンシャルであれ」と「勇敢であれ」の二つは、今後数年における企業の成功を決定する法則である。人々は変わりつつある。これからは、ワークライフバランスをより良くしようとするだろうし、予備知識を得てもっと慎重に消費するようになるだろう。購入する製品が、環境の尊重と社会との調和に基づいて生産されていることを要求するはずである。自分のアイデンティティの決定や自分のイメージの発信に、もはやブランドのサポートを必要としない人々が増えている。むしろ、人々の社会的ステータスは、購買と消費で何を選択し、何を選択しないかによって決定されるようになるだろう。

HSBC

リテール・バンキング&ウェルス・マネージメントCEO
チャーリー・ナン

分野：金融財務サービス
'17年年商：二一〇億ユーロ
拠点数：四〇〇〇
URL：hsbc.com

――あなたにとって、リテール4・0とは。

当社が属する業界は、オンラインへのシフトという重要な局面にあり、とくに少額の振込などのよりシンプルな手続きでそれが起きている。しかしながら、世界中に三七〇〇万人の顧客が散在するため、リアルもデジタルも、当社の実態を各地の規制に適合させる必要がある。とりわけ、人々が慣れ親しんでいるサービスのタイプを考慮しなくてはならない。販売する製品の性質（たとえば家族向けの保険）や対応する人々のタイプ（デジタル・リテラシーを欠く人）を要因とし、いくつかのサービスでは、会って話をするなど、今でも伝統的なタイプの交流が求められる。このようなケースでは、「目的地であれ」に書かれていたことがきわめて重要になる。銀行業なので、非常に細かい顧客の期待に対処する必要があり、拠点に足を運んでもらうことを正当化するには、具体的な付加価値の提供が求められる。

以上のことから、銀行業もまたデジタル・ビジネスになりつつあり、銀行間の競争だけではなく、非常に多くの他のプレーヤーとも競争する必要が生じていることは明白である。業界には土俵を埋め尽くすほどのプレーヤーがいて、なかには分野をピンポイントで限定したピュア・デジタル・プレーヤーも複数いる。それを示す証拠として、ここ一〇年間、リアル拠点で行われる取引は毎年五パーセントの継続的な低下となっており、多種多様な市場でそれが起きている。デジタル・ネイティブの企業の躍進によって、人々は高水準の顧客経験に慣れ始めており、今度は当行に同じ品質のサービスを期待する。まさに「シームレスであれ」で強調されていたように、このような背景においては、デジタルとリアルのタッチポイントのシームレスな統合が求められる。

分野を問わず、リテール4・0でとりわけ大切なことは、一つ一つのタッチポイントが有意義であり、文脈にふさわしいパーソナライズされた経験で顧客に喜びを与えることである。したがって、「不可視であれ」と「パーソナルであれ」に主張されていたことを全面的に支持したい。

――そのような背景のなか、HSBCはどのように対応するのか。

本書に提示された法則の適用によってのみ、HSBCは今後も重要な企業であり続けられると考えている。現に当行では、よりシンプルで簡単にあらゆるチャネル・機器・プラットフォームを横断的に利用できるという顧客経験を創造するための投資をしている。

先頃、コネクテッド・マネーというアプリのサービスを開始した。どの金融機関を利用しているかにかかわらず、人々が異なる複数の口座を一元管理できるようにするアプリである。二一の金融機関の顧客が、このアプリで残高・ローン・貸借・クレジットカードに関する情報を容易に確認できる。また、支出分析をしてくれるので、申告・請求書類の受領後にどれだけ資金が残るのかを表示するほか、ファイナンス分野の助言や情報を受け取れるというオプションがある。目下のところ、サービスはイギリスで提供しているが、早急に他の市場への拡大を進めていく。このアプリの主要な目的は、総合的な財政状態を明確にすることで、それぞれ異なるプラットフォームから自分の口座にアクセスする煩わしさをなくし、人々の生活をシンプルにすることである。

HSBCにとって、非常に重要なもう一つの法則が「エクスポネンシャルであれ」だ。人々の生活をシンプルにするサービスの設計では、サードパーティー（第三者機関）のアセット・技術・プラットフォームの恩恵を受けるとよいだろう。当行が営業展開している各市場において、すべてを社内で開発するのは不可能――効率的でも効果的でもない――である。したがって、さまざまな市場で、多くの企業やスタートアップと協力している。

最後に、「キュレーターであれ」に関する当行の解釈を述べておきたい。フィナンシャル・サービスには、他の多くのビジネスをサポートする役割があるため、この法則をさまざまな市場に適用している。例として、香港ではリワード・プログラムのアプリを発売し、当行のパートナーであるリテール業者に、顧客に到達できる新たな手法の可能性を提供している。このアプリの特徴は、顧客のスマートフォンに向けてパーソナライズした送信メッセージを生成したり、彼らの店舗での消費（する金銭）を価値化したりするために、ビッグデータとウェブ解析を利用している点である。

――今後三〜五年で、どのような進化を図っていくのか。

まず、「不可視であれ」と「シームレスであれ」の法則に述べられていたことを、より具体化させなくてはならない。それを実現する唯一の道は、自社サービスの提供方法をつくり直すことである。顧客にしてみれば、何枚もの書類に記入したり、手形の入金を何日も待ったりするのは煩わしい。しかも、人々は他のプラットフォームや他分野の業務でできることに慣れており、それに比べると、このような手続きが時代遅れであることは明白だ。進化が促進されるよう、とりわけ革新的な企業（顧客）がよりスムーズにビジネスをできるよう、当行は監督官庁と緊密に連携しなくてはならない。金融業界を変化させる方法はこれしかない。

金融はいまだ硬直した業界であるが、非常に複雑で、かつ社会できわめて重要な役割を担っている。多くの国において、当行はデジタル・ペイメントの領域で大きな進展を遂げている。スマートフォンを活用したソリューションや、生体認証（声・指紋・顔認証など）によるセキュリティ技術を活用したソリューションがある。しかし、契約時に当事者が物理的に存在することが必要な紙ベースの契約や現金取引がいまだにスタンダードとなっている国は多い。

当業界にとって興味深いもう一つの契機が、人工知能と機械学習の導入である。当行では、現在すでにいくつかの市場で、単純な要望への対応と複雑ではない問題の解決には、チャットボットを介して顧客と交流している。この取り組みによって、多くのサービスの提供が加速し、行員がより大きな付加価値をもたらす領域に集中できるようになっている。当行にとって、人工知能にフォーカスする重要性は、人々のニーズの理解だけにあるのではない。銀行と交流する際に人々が好む声のトーンや手段を把握することにもある。顧客の同意のもと、高度にパーソナライズした助言を提供するために人工知能の使用も可能である。

必然的に、これらには行員の能力の進歩が伴っていなくてはならない。行員は、人間が差異を生み続けるであろう全分野の発展に注力していく必要がある。感情的知性（ＥＩ＝Emotional Intelligence）、共感力、創造性、柔軟性、非言語的コミュニケーション、問題解決能力といったことだ。さらに、銀行のユーザー・インターフェースにおけるこのパラダイム変化によって、新しいツールや新しい人材育成モデルの開発が必要となっているので、本書の最後の法則「勇敢であれ」を強く信じる。われわれは、勇気をもたなくてはならない。われわれが直面しているデジタル時代に一層適合すべく、自身のビジネスを転換することに前向きにならなくてはならない。

キコ・ミラノ

CEO
クリスティーナ・スコッキア

分野：化粧品
'17年年商：六億一〇〇〇万ユーロ
拠点数：九五〇
URL：kikocosmetics.com

――あなたにとって、リテール4・0とは。

主にオムニチャネルと流動性である。当社が属する分野は、デジタルトランスフォーメーションを主要因として近年急速に変化し、いくつかの段階を経てきた。最初の段階では、販売に適用されたデジタル化が全般的な多幸感のうねりを生み、同業他社の大半がeコマース開発に巨額の投資をするに至った。

その後、時が経つにつれ、新たな認識にたどり着いた。リアル・チャネルにおける販売とデジタル・チャネルにおける販売の関係は、もはや重要ではない。むしろ基本は、売買がどのチャネルで発生するかにかかわらず、販売量増加を目的とした消費者中心のエコシステム構築である。エコシステムは、まさに「シームレスであれ」に書かれていたオムニチャネル戦略に則って構築されなければならない。消費者は今日、きわめて細分化された真のジャーニーを経験している。ブランドとの短いインタラクションが繰り返され、それがオンラインでもオフラインでも同じくらい発生する。だからこそ、エコシステム全体に焦点を当てなければならないのである。

世界の化粧品業界で、eコマースによる販売は全体の七パーセントに過ぎない。しかし、右で述べたことを考慮すれば、この程度のパーセンテージだからといって落胆することはない。エコシステム全体の活用を目的に、チャネルに関する先入観を排して合理的な議論を始めるため、視野を広げることが大切だ。

オンライン販売の売り上げ最大化を狙って、単なる取引用プラットフォームを開発すべきではない。現在、伝統的なチャネルだけを利用して購入している消費者に、ウェブサイトによってどのように影響を与えられるかについて考えなければならない。そして、実りのある交流を可能にするようなデジタルの経験を構築する必要がある。ターゲット・オーディエンスは、それを期待している。トランザクショナルなタイプのアプローチからエクスペリエンシャルなタイプのアプローチへと移行する契機が、この方法で開かれることになる。

――そのような背景のなか、キコはどのように対応するのか。

「目的地であれ」に書かれていたことに関連して述べてみよう。大きな注力と投資の対象となる領域の一つは、あらゆる面で目的地になるような店舗の創造である。とりわけ、経験という側面に格別の注意を払っている。加えて、「人間的であれ」という法則に明示されていた役割を店舗に与えている。経験というテーマは、以前からキコにとって常に大きな関心事であった。これまでは当社の直観的な認識だったが、今や市場で機能するために不可欠の条件となっている。したがって、出迎え、BGM、雰囲気、そして従業員、購買経験の個々の瞬間に注意を払っている。従業員は、顧客に化粧品を試用させ、どのように使用するかを示し、最終的に完全なメイクアップ・サービスに達する。そのため、当社の顧客は当社の店舗に来るのが好きなのだ。さまざまなタイプの製品を試し、貴重なアドバイスを受け、友達と一緒に気兼ねなく楽しめる場所、キコは真の目的地と認識されている。

加えて、経験が最高にポジティブであるというだけでは、当社には十分ではない。経験はパーソナライズされるべきだからだ。「パーソナルであれ」で読み取ったことに触れるなら、人々は自分の特定の要求に合うようにつくられたもの以外は何も望んでいない。そのため、当社の旗艦店内に、パーソナライズ・サービスを顧客に提供するロボットを導入した。このサービスは、消費者の製品面での要求に応えるだけではなく、貴重なデータの収集も可能にする。そして、データを加工することで、当社が目指すダイナミックなパーソナライゼーション・プロセスに命が吹き込まれる。

一方、店舗の役割について、イベントが特徴的な活動となっていることは間違いない。当然、集客のための戦術であるが、もう一つの側面として、コミュニティに店舗を開放する方法にもなっている。「人間的であれ」に述べられていたことに即した方法であるが、ブラジルと中東では、キコの販売拠点はハッピー・アワーを過ごす空間へと進化している。人々が出会い、カクテルを飲んだり、フィンガーフードを食べたりする場である。以上のような取り組みをしながら、当社の店舗は社会的アグリゲーター（集約者）を目指して向上している。最終的な目的は、ブランドの周囲にファンのコミュニティを創出することである。

ソーシャル・メディアの使用に関しては、〝自社のターゲットに話す〟から〝自社のターゲットと話す〟への移行が必要だと考えている。この観点から、ソーシャルでのコミュニケーションでは、キコは話し相手と同じ目線に自らを置く。コンテンツやカンバセーションをフィルタリングせず、むしろ人々がコンテンツを創造しながら、ブランドについて自由に話せるようにしている。当社は、この方法でオーディエンスとの対等で建設的な対話の促進を目指し、トップダウン式コミュニケーションのパラダイムから遠ざかることができている。

――今後三〜五年で、どのような進化を図っていくのか。

事業を営んでいる背景が変化しやすいので、確実な予想を立てることはほぼ不可能である。どの企業も、現在の競争優位が永遠に続くと期待して、安穏とする過ちを犯すわけにはいかない。肝腎《かんじん》なのは、パフォーマンスが良好なうちに自らを改革することだ。何かを変え、自らが変わる契機となるネガティブな兆しを待っていては、数々の困難に直面し、市場におけるポジションを失うリスクがある。キコにとっては、「勇敢であれ」の法則に従うことが基本である。常に顧客との活発な対話から出発し、新しいソリューションを継続的に実験していかなくてはならない。

当社では、ロイヤルティの形成に向けて、新たなスタンダードの設定を試みている。〝メンバーズ・カード〟の概念から決定的に離れ、より多くのデータを関連付けることで当社のCRMを再構築したい。それができれば、インタビューの冒頭で触れたエコシステムを創出し、人々にとってわかりやすいインセンティブのメカニズムを保証できるようになるだろう。加えて、CRMに関するイノベーションは、「エクスポネンシャルであれ」と題された法則に従うことになる。当社では、顧客エンゲージメントを向上させるような、真に強い効果を発揮する革新的ソリューションの探索に乗り出している。

技術は、今後も進化し変わっていくものであることは間違いない。今後数年は、人工知能がますます進化し、カスタマイゼーションとパーソナライゼーションのプロセスがよりプロアクティブでスムーズかつ不可視になるだろう。当社がすでに導入しているものとして、スマート・ミラーがある。これは、ただ自分を鏡に映し、買いたい製品を選ぶだけで、メイクアップ後の仕上がりを見せてくれるというものだ。

ラ・マルティナ

ヨーロッパCEO
エンリコ・ロゼッリ

分野：スポーツウエア、フリータイムウエア
'17年年商：非開示
拠点数：単一ブランド店舗八〇
URL：lamartina.com

――あなたにとって、リテール4・0とは。

リアルな世界が重要であることは、ピュア・デジタル企業にとっても明白である。なぜなら、製品の販売プロセスにおいても、サービスの提供においても、経験がすべてを占める段階や、オフラインのみで機能する段階がいくつかあるからだ。もちろん、リアル店舗の実態は変わりつつある。リアル店舗では、リアルとデジタルのシームレスな構成要素を備えたブランド・コミュニティが創造されるので、オファリングと経験を組み合わせなくてはならない。対象となるコミュニティにとって、興味の中心地となることによってのみ、リアル店舗は成功の可能性がある。

リアルの世界とデジタルの世界のバランスは、きわめて大きな影響力を有する。たとえば、小売は不動産市場と堅固に結び付いている。必要な店舗数は現在よりも減少し、残る店舗では一部異なる機能を果たすようになるだろう。だとすれば、不動産市場は大きな影響を受けることになる。現

在店舗が占有しているスペースは、将来的に別の用途に向けられるだろうし、それが商業用とは限らない。それゆえ物理的構造物の価値は、大幅に変更されることになる。デジタル企業が将来的に店舗の開設を望むとすれば、もはやある種の名声を得られるというだけの立地は考慮しない。むしろ、製品購入者の住所や発送先といったデータを分析し、その結果を基に店舗を開設する。大半のケースでは、宅地を含め不動産価格の低いエリアへの出店になり、完全なるパラダイムの転覆が生じることになる。

現に、店舗の機能は変化している。ますますショールーム化したり、共通の興味をもった人々の集合場所になったりしている。これは、二つの基本的な要素を特徴とした一種のクラブである。一つ目の要素は、いわゆるクラブで行われる物理的接点という側面である。人々は出会い、共通の興味をもっているため親和を感じる。このときブランドは〝単なる〟触媒に過ぎない。もう一つの要素は、レクリエーション的な側面である。実際に集まる人々は独自の興味を有しているので、ブランドが自分たちの情熱に関連した一連の活動やサービスを展開・促進してくれることを期待している。店舗を中心にコミュニティを創造するのは基本的なことだ。特定の問題の解決方法が見つかるから、あるいは他所《よそ》では得られない優れたサービスを受けられるから、他にはない経験ができるからといった理由で、人々が行きたいと望むようなコミュニティを創造すべきである。

――そのような背景のなか、ラ・マルティナはどのように対応するのか。

　ここまでで述べてきた内容に関連し、現在実験している施策の一つとして、店舗のイベント・スペース利用がある。ワインの試飲会から音楽演奏会まで幅広いイベントを実施するには、従業員への特殊な教育や、店内を設営・原状復帰する労力が必要になる。したがって、戦略的な視点で適切に決定したとはいえ、計画は慎重に行わなくてはならない。

　ラ・マルティナは、ある興味を有する人々が集まる中心地であり、自《おの》ずとファンのコミュニティにとって重要な存在となっていて、文字どおり〝ソーシャル〟である。だが、ここにカギがある。これでは十分ではないということだ。当社はスポーツ界でどのような存在であるのか理解し、わかりやすい方法で、ブランドの価値を促進しなくてはならない。ブランドの価値は、より幅広いオーディエンスに対して触媒として機能するように、またオーディエンスが当社のより広義の価値を気に入ってくれるように表現する必要がある。さらに、クラブで起きることの再現性も求められる。クラブには、〝積極的〟な会員に加え〝共鳴者〟もいる。共鳴者は、特定のコミュニティに対する強い所属意識を有し、コミュニティの価値や自分の情熱を共有することで、支持者でありたいと望んでいるのだ。

　革新的なソリューションの導入における主な障害は、当社の経営陣と人員の習慣を変えることの難しさである。それゆえ当社では、本書でたびたび触れられていた消費者中心の文化に向けて努力をしている。顧客にとって重要なことを優先させるとともに、新たなソリューションの導入時には、緊張が生じることなく人員が習慣を変えられるよう支援している。

現在、ラ・マルティナでは、すべての情報システムと物理的システムの見直しを進めている。これにより、あらゆる部門が互いに対話できるようになり、デジタルがリアル店舗への集客に貢献し、しかもオンライン・チャネルと競合しないようにする。たとえば、顧客がオンライン上で製品を探すときに、全製品のリストにアクセスするだけでなく、その人に一番近い店舗の在庫にもアクセスできるようにしている。さらに、フリクションを削減し、顧客経験を最大限スムーズにするための取り組みをいくつか進めており、クリック・アンド・コレクト（オンライン注文後、店舗で受領）を開始した。ある店舗で在庫している製品はもちろん、すぐに店舗に発送手配すべき製品にも対応している。

――今後三～五年で、どのような進化を図っていくのか。

その質問に答える最良の方法は、今後数年で当社の顧客の期待がどのように進化するかを考えることだと思う。当社がすべきことは、当社のDNAに忠実でありながらも、顧客の期待に応えるために、時には期待を上回るために、そのつど自らを変化させていくことである。もちろん、人間が現実的な価値をもたらさない活動はすべて、漸次《ぜんじ》自動化されていく様《さま》を見ることになるだろう。この変化が本格的に起こるであろう領域は決済で、本書でたびたび取り上げられていたことと合致する。店舗の人員は、より顧客と関わる仕事に従事するようになる。顧客のニーズを読み取り、顧客がブランドの価値を感じ取れるようにする。また、できる限りパーソナライズされたユニークな経験を実現させることにも従事していく。大きく変化するであろうもう一つの側面が、先に触れた不動産市場に関わる点である。市場の均衡状態が、抜本的にデザインし直されるだろう。

最後に、ショーウインドーは、とくにタッチパネル技術の普及によって、店舗の営業時間に関係なく人々と交流できるものになる。これにより、ますますコミュニケーションと販売のためのツールとなっていくだろう。

重要なことは、「勇敢であれ」で書かれていたように、思い切ってチャレンジし、実験し、議題として取り上げて試してみることである。失敗を恐れすぎず、継続的にいわゆるテスト・アンド・ラーンに基づくアプローチをとればいい。われわれが生きている世界では、〝理想的な〟解を得られるまで待ってはいられない。当然、合理的な選択に努めなくてはならない。しかし、結局はやってみる必要がある。〝完璧を目指すよりまず遂行せよ〟である。

リーバイ・ストラウス&カンパニー

中欧副社長
ルチア・マルクッツォ

分野：ジーンズ等衣料品
'17年年商：四〇億ユーロ
拠点数：単一ブランド三〇〇〇
URL：levi.com

――あなたにとって、リテール4・0とは。

リテール4・0とは、主に消費者の拡大した期待と予備知識であり、それと並行して進んだ、製品の経済から経験の経済への移行である、と私は考えている。今日、優等生と称される数社のデジタル・プレーヤーのおかげで、消費者の期待が高まり続けている。満足できる購買経験には特徴的なサービスの提供が欠かせないものとなり、顧客はますますそれを当然とみなすようになっている。これらすべてが伝統的な小売業者に圧力をかけている。小売業者は、高いコストを投じて、事業活動の適応や購買経験の企画に対応しなくてはならない。そして、購買経験を楽しくて、感動的で、独特のものにしようと努めている。

消費者の予備知識に関しては、増加するモバイル機器の使用とデジタル化の現象に触れないわけにはいかない。本書で強調されているように、スマートフォンによって消費者はきわめて情報通になった。自分がいる社会の意見と、自分と興味が似ている他人の評価をとても気にかけている。eコマースは空間的・時間的障壁を打ち砕き、指数関数的に拡大した規模での取引を保証している。したがってリアルな流通業は、過去とは異なる価値を備えなくてはならない。これからもリテールの中心的存在ではあるだろうが、再検討が求められる。単なる売買プロセスにしがみついていては、いずれ敗北する。なぜならeコマースはネット上にあって、はるかに使いやすく便利だからだ。

加えて、アパレル業界では、ファスト・ファッションの成長によって、多くのカテゴリーで消費者が受け入れる価格が低下してしまった。この事実がモードとトレンドの早期陳腐化と店舗の集客減少とあいまって、大胆な販促活動と値引きをもたらし、事業利益の低下を引き起こしている。こうしたことがわれわれの未来に深刻な影響を及ぼしており、業界全体がコモディティ化するリスクがある。

触れておくべきもう一つの重要な面として、eコマースはリアル店舗への人々の流入を決定的に低下させているが、それは製品の探索段階に関係している。往々にして、探索が店舗ではなくオンラインで行われるようになっているためである。

――そのような背景のなか、リーバイ・ストラウス&カンパニーはどのように対応するのか。

リーバイ・ストラウス&カンパニーでは、製品開発とブランド経験に大きな投資をしている。目的は、ブランド・コミュニティとの心情的なリレーションシップを構築するためと、先に触れたコモディティ化プロセスから逃れるためである。当社のジーンズに関しては、製品開発プロセスの改革で著しく前進を遂げた。常に新しいモデル・生地・製造プロセスでのプロトタイプの開発を目的とした、デザイン・調査・製品開発のためのセンターとして、サンフランシスコにエウレカ・イノベーションラボを開設した。ここでは、働く人の想像力が、ラボの創造性となっている。先頃もリーバイスF・L・X(Future-Led Execution)(訳注:ジーンズの仕上げ加工を自動化する新しい取り組み)がここで生まれた。F・L・Xは、ほどなく世界中のリーバイ・ストラウス&カンパニーの業務フロー・モデルとなるだろう。

エウレカ・イノベーションラボでの実例として、ジーンズのウォッシュ－エイジング加工プロセスのデジタル化と自動化がある。この改革の本来の目的は、ウォッシュ時に使用する化学成分の削減により、環境に与える影響を劇的に低下させることだった。現在、ビンテージ・ジーンズ一着のフィニッシングには約二〇分かかる。ほぼ手作業で行っていて、何種もの化学薬品を使用する。

さきほどのF・L・Xのベースをつくり上げているのは、既存モデルのスキャン写真と、レーザー・マシンに接続したコンピューターである。レーザー・マシンは、〝原型となるズボン〟に施す特定の処理を再現するよう設定されている。これなら処理に二分もかからず、出来栄えはすばらしい。真の革命であり、当社のサプライチェーン全体にインパクトがあるだろう。四五の異なるフィニッシングをサイズごとに繰り返して行うのではなく、各モデルに共通する五分の四までの工程を予め済ませておき、オンデマンドのフィニッシング工程のみをリアルタイムで行うようにするからだ。「エクスポネンシャルであれ」の法則に書かれていたリーン・プロダクションの原理を、この改革によって取り込むことができた。そして、あまりにも長い間変わらずにいたプロセスを刷新できた。プロセスのさらなる改良によって、店内でも遠隔からでも、3D印刷の精巧さに匹敵する水準のパーソナライゼーション製品ができるだろう。

消費者の経験に関しては、ヨーロッパの一二〇以上の店舗を〝テーラーショップ〟として整備した。購入した製品をパーソナライズし、唯一の製品にできるスペースである。来店客に対し、ジーンズを見つけ、それを完璧な唯一無二の一着に変化させるサポートをしている。

当社ブランドのファンとの心情的なつながり、および経験は、とても重要なテーマである。そこで、当社ブランドの世界に光を当てることを目指したアプリをベースに、伝統的なものとは異なるロイヤルティ・プログラムをデザインした。アプリは、人々が都市部で最大限多くの経験ができるように考案されている。たとえば、コミュニティのメンバーは興味を示した場所(特別なレストラン、買い物にふさわしい場所、スポーツのための場所)を見つけることができる。ユーザーはこれによってポイントを貯め、ゲーミフィケーションのプロセスを通じて、アプリ限定の経験、パーソナライズされたサービスやディスカウントにアクセスできる。アプリのおかげで、人々が肯定的な感動を体験している瞬間とブランドをつなぐことが可能になり、消費者にとって長期的な価値を生み、長期的なエンゲージメントの創造へと結び付く。

最後に、リーバイ・ストラウス&カンパニーのもう一つの中核テーマである持続可能性について述べておこう。「人間的であれ」で指摘したように、企業の事業活動は、環境持続可能性と社会的責任に関する明確かつ厳格な方針に基づき適正でなくてはならない。このことから、当社ではいくつかの施策を開始した。たとえば、多くの店舗を使用済みジーンズの回収センターにし、回収されなければゴミとなるものを加工・再生して、最終的には必要とする難民などに寄付している。製造における無駄も大きな課題である。当社が開発した革新的技術であるウォーターレス工法は、無駄な排水をなくし製造工程に必要な水の量を著しく削減した。この技術は、業界の誰もが利用できるようオープン・ソースとしている。

――今後三〜五年で、どのような進化を図っていくのか。

もちろん、オーディエンスと心情的につながる経験の提供を続けていく。今後はおそらく店舗の集約が起こり、プロジェクト(出店計画)の質に対する投資が相対的に増加するだろう。

結論として、ブランドの価値の砦《とりで》がもつ重要性を強調しておかなくてはならない。デジタルトランスフォーメーションのような、時代を画す変化に直面するとき、危険なのは、自らのアイデンティティを損ねてまで未来を追い求めることである。当社のブランドは、大いなる歴史的経緯を特徴としている。したがって、自らのバックボーンと強いきずなを維持しつつ、時間をかけて段階的に変化する必要がある。

私は、リーバイ・ストラウス&カンパニーが常に開拓者たちの企業だったことを考えると勇気が湧く。ジーンズは、西部の開拓者たちが耐久性のあるズボンを必要としていたことを、ストラウス氏が理解したことから生まれた。以来、現状に甘んじることのない人々のシンボルとなった。当社に先駆者としてのDNAがあるとすれば、ブランドを更新していく責任がある。今日の、そして明日の、改革者や開拓者に評価されなくてはならない。当社には、変化に挑戦する勇気があり、これからも勇気をもち続けるだろう。

マークス・アンド・スペンサー

インターナショナル・デジタル部長
シモン・フリーベリ・アンデルセン

分野：小売
'17年年商：一一九億ユーロ
拠点数：一四六三
URL：marksandspencer.com

——あなたにとって、リテール4・0とは。

リテール4・0の到来において顕著に表れている事象の一つは、オンライン・プレーヤーがブリック・アンド・モルタルの競合に与えているプレッシャーだと考えている。私が思うに、たとえば、ソーシャル・アドバタイジング、モバイル・コマース、昨今の納品オプションといった現象である。これにより、価格と顧客経験の面で競争力を高めるべく、事業モデルの抜本的な見直しを迫られている。顧客経験に関しては、現在、きわめて高水準な勝負になっている。以前に比べて顧客の期待がはるかに高く、とくにサポート・サービスやアフターサービスでそれが顕著になっている。あらゆる調査で浮かび上がっているように、人々は今もリアル店舗でのショッピングを評価しており、実際に売買の大部分はリアル店舗で起きている。

しかしながら、デジタルでの購入とパーソナライズされたコンテンツ利用の体験が増加すれば、リアル店舗内で提供されるサービスに関しても、パーソナライゼーションへの期待が高まるのは当然である。ほんの少し前と比べても、人々はこのテーマについて高い予備知識を有しており、自分の個人データを企業の利用に任せる用意がある。ただし、企業はプライバシー保護に関する法令を遵守《じゅんしゅ》するとともに、データとの交換に具体的な付加価値を提供しなくてはならない。

リテール4・0では、「勇敢であれ」で強調されていた内容に注意を向けなければならない。デジタルが一層基本的な役割を担うようなエコシステムにおいて、小売業者は変化を受け入れ、変化を操縦しなければならない。かつてなかったことである。小売業者は、新しい機会を探さなくてはならず、同時にデジタルに慣れた顧客のニーズに対する新しいソリューションも考案しなくてはならない。当然、自社のビジネスのために具体的かつ決定的な行動へと企業を導けるような、俊敏なマインドセットを有しておく必要がある。

――そのような背景のなか、マークス・アンド・スペンサーはどのように対応するのか。

M&Sは、すべてのタッチポイントを駆使して顧客経験を向上させなくては、という考えに常に〝取り憑《つ》かれて〟きた。しかし、現在はタッチポイントの増殖に伴い、サービスで定評のあった当社が、自社の基準に則って効果的なサービスを確実に提供できるよう尽力している。店舗内にいる顧客のスマートフォンと対話できるアプリであろうと、革新的な納品方法であろうと、それは変わらない。

「キュレーターであれ」と「パーソナルであれ」は、当社にとってとても大切な法則である。SPARKSというM&Sのロイヤルティ・プログラムは、最大限パーソナライズされた唯一の経験を提供するため、消費者に関する利用可能な全データを活用する。唯一の経験とは、パーソナライズされたオファリングやプレゼントのセレクションのほか、顧客の生活とショッピングを簡素化するための工夫の提案なども含まれる。顧客に提供するパーソナライズされたアドバイスを強化するため、M&Sでは、オンラインによるパーソナル・スタイリストの機能を開発した。プロのスタイリストとアルゴリズムが連携し、よりスタイルと好みに合った製品を顧客が選択する助けになるというものだ。この機能が評価されていることは結果に表れている。カートの品数が多くなり、単価が上昇し、返品率が低下しているのである。そして最も重要な点として、顧客満足が高まっているのである。

「不可視であれ」も当社にとってきわめて重要な法則である。過去に、いくつかの店舗でしばらくの間、セルフ・スキャニング技術を利用していたことがあるが、先頃、当社のアプリで利用できる〝スキャン・ペイ・ゴー〟を開始した。買おうとする製品を顧客のスマートフォンで直接スキャンして支払うことのできるサービスである。これによりスピーディな購買経験が可能となる。混雑する時間帯特有の不便さ(レジに並んで待つ時間など)を大幅に低減できるので、ロンドンの店舗におけるランチタイムといった状況では大きな利点である。

当社の顧客はますます利便性を追求するようになっているので、「バウンドレスであれ」に示されていた内容にできるだけ従うことが重要である。だからこそ、リアル店舗の限られたスペースによる制約を最小限にするソリューションや、伝統的なサービス手法を超えるべく考案したソリューションを提案している。同様の提案の一つに、インストア・コレクションがある。人々がオンライン上で製品を選び、予め選択した店舗で二四時間後に受け取ることのできるサービスだ。時間を節約でき、予め設定した配送時間に縛られることもない。現在、オンライン注文の六〇パーセント以上がこのサービスとなっている。

「エクスポネンシャルであれ」も興味深い法則である。M&Sにとって、インドはイギリスを別にすれば、最も大きい市場の一つである。当社製品のインド進出は、ミントラをはじめ、複数のマーケットプレイスとのパートナーシップによって可能となっている。これにより、当社がリアル店舗をもたない都市に住む消費者に到達できている。

――今後三~五年で、どのような進化を図っていくのか。

未来に目を向ける際、カギとなるのは「勇敢であれ」という概念である。小規模小売業者も含め、昔ながらの伝統を有する企業はこの法則を重視すべきであり、変化と実験を恐れてはいけない。

今日、技術によって実験は大幅に少ないコストで、しかも適正な期間で実施できる。もちろん、そのためには変化に対してオープンな企業文化と、現在取り組んでいることに検討を加える意欲が必要である。こうした挑戦は、一八八四年創業の当社のような企業にとって簡単ではない。その意味で、M&Sは現社長の指揮のもと、果敢に転換を図っている。プロセスの刷新、デジタル化の加速、人材育成など、多数の施策が進行中である。これらは皆、マイクロソフト、デコーデッド、ファウンダーズ・ファクトリーといった技術分野のリーダーたちのサポートを得て進められている。

モレスキン

社長
アリーゴ・ベルニ

分野：文房具および紙製品加工
'17年年商：一億五六〇〇万ユーロ
拠点数：直営店八〇、取扱店三万五〇〇〇
URL：moleskine.com

——あなたにとって、リテール4・0とは。

リテール4・0とは、経験の重要性であり、これは人々の新たなニーズとeコマースのビッグ・プレーヤーの市場参入によって生じた。人々の要求が単なる製品購入ではないことは、すでに明白である。メンタリティはすっかり変わった。満足が製品の所有（と誇示）にひも付いており、そうしたニーズが企業によって広く満たされているような、発展した経済圏ではとくにそうである。同じように、より進化した数々の製品・サービスへのアクセシビリティも当然のものとみなされている。したがって、小売分野は変化のプロセスに着手しなくてはならない。小売は伝統的に、消費者が製品を自由に購入できるようにして発展してきた。今日、製品の選別と陳列に秀でているだけではなく、経験への注力も求められるようになっている。装備を整えたピュア・デジタル・プレーヤーとの競争もある。

もちろん、エクスペリエンシャル・リテーリングは新しい概念ではない。だが実際には、多くのケースで実現していない。今後はこれがますます重要になっていくだろう。高水準の顧客経験とは何かということに関して、体験と予備知識を消費者が増やしていくからだ。結果として小売の存在意義は、工学的手法の適用や測定が可能な、科学的なタイプの活動から、標準化しにくいタイプの活動へとシフトする。このシフトによって、既存の形式や枠組みを継続するのは困難になるだろう。消費者の要求とブランドの価値提案の交わるところに、またとない特別な経験を創造することが不可欠になる。

——そのような背景のなか、モレスキンはどのように対応するのか。

すでに述べた新しい状況に立ち向かおうと、最後の法則「勇敢であれ」に詳述されていたリーンの論理の採用を進めている。できるだけ早期に、人々からの刺激とフィードバックに学び、創造的プロセスを磨くこと、そして将来的にもっと効果的なコンセプトを提案することを目標に、トライアル・アンド・エラーの手法に則った数々の取り組みを推進している。

取り組みの一つがモレスキン・カフェで、ミラノ、ジュネーブ空港、ハンブルク、北京にオープンさせた。これらの店舗は当社のDNAとポジショニングに符合しており、まさに消費者の創造性・文化・探索・自己表現に関わる経験に命が吹き込まれた空間となっている。これは、文学カフェを現代的な視点で改めて解釈した当社の表現である。思考と知識は、継続的な体験と学習によって培われるものであり、誰もが手にできる民主的な共有財産といえる。要するにモレスキン・カフェは、「目的地であれ」と「人間的であれ」に書かれていた多くのことを反映した場なのである。

とても重要なもう一つのテーマが、「シームレスであれ」に取り上げられている。自社のブランドをシームレスな顧客経験と共に提案するという選択が当たり前になったとしても——今日、顧客に高水準の満足を保証するには、他の選択肢はないが——、その選択を正しく適用するのは容易ではない。当社では今後二年間、オムニチャネル戦略の全面的な採用に必要となるインフラ整備にエネルギーを集中していく。

堅固な顧客ロイヤルティの獲得にも努めている。この目標の追求は、ダイレクト・チャネルのほうが容易であることは明白である。購入者と直接交流して情報収集をしながら、顧客リレーションシップを通じて学んでいくことが可能だからだ。だがモレスキンのダイレクト・チャネルは、開始してまだ五年に過ぎず、当社製品が販売されている店舗のごく一部でしかない。当社事業の大半は、第三者小売業者が間に入っているため、ロイヤルティの管理が難しい。とはいえ、オーディエンスとのリレーションシップを構築するため、当社ブランドの象徴性を原動力とする流通モデルで成功を築いている。

光栄にもデイビッド・サックスの著書『The Revenge of Analog』(邦訳は『アナログの逆襲』、インターシフト）のなかで、モレスキンは、時代に名を残し、製品の脱物質化とデジタル化に支配された今の時代に再び名声を得ているものの一つに数えられた。同書は、『フィナンシャル・タイムズ』紙における書評でも取り上げられている。さらに、『ザ・ニューヨーカー』誌に当社に関する風刺漫画が掲載された事実は、当社ブランドが世界レベルでアイコンとみなされていることの証明である。他の根拠からも、現実にブランド・ラバー、すなわちファンのコミュニティの存在が確認できる。自己志向に陥るリスクを回避しながら、こうした人々へのコミットメントを強化していかなくてはならない。

――今後三〜五年で、どのような進化を図っていくのか。

当面デジタルは、リアル店舗にますます大きな影響を与え、そのシェアを侵食していくだろう。しかしながら、オンラインの波及効果は、伝統的な店舗の役割に取って代わるほどではないと確信している。もちろん小売業者は、eコマースのビッグ・プレーヤーがフィールドに侵入してくることを考慮しなくてはならず、それは売買の完結に限ったことではない。たとえばアマゾンは、バーチャルのゴー・ツー・プレイスとしての地位を確立している。

人々はカスタマー・ジャーニーの初期段階で製品に関する情報やコメントを探しにいくが、数年前までこうした探索は、大型百貨店が頼りにされたり、大きな商店街で行われたりしていた。ところが現在はオンライン上で行われており、潜在顧客と店舗人員のリレーションシップやリアル店舗に、その影響がはっきりと表れている。したがって、リアル店舗は「人間的であれ」の法則に従って、差別化できる役割を追求しながら、ユーザーの複雑に入り組んだ〝ジャーニー〟に調和的に取り込まれなくてはならない。

最後に、リアル店舗の構造に関し、もはや面積や品数の多さが競争優位の源泉として考慮されなくなると確信している。それどころか、大型店舗は利便性を目指し、小さなショールームへと形を変えていくだろう。オファリングの幅広さは、デジタル技術によって可能となるので、人間的な要因がピュア・デジタル・プレーヤーとの差別化を図る基本的な要素となるだろう。

モンダドーリ・リテール

CEO
ピエルルイジ・ベルナスコーニ

分野：出版
'17年年商：出版一三億ユーロ、小売三億ユーロ
拠点数：六〇〇
URL：mondadori.com

――あなたにとって、リテール4・0とは。

何よりもまず透明性である。インターネットが情報へのアクセスを民主化し、誰もが十分に予備知識を得て購入できるようになった。情報不均衡の縮小によって、店舗人員による購入を左右する度合いも必然的に縮小した。

当社の分野では、書店員が土俵から排除される傾向にある。それはオンライン購入、つまり直販に関しても、リアル店舗での購入に関しても同じである。多くの購入者には、店舗人員のサポートを受ける理由も欲求もない。だが同時に、情報を求めている顧客に対しては、企業の取り組みを伝えたり、店舗における経験を人間的なものにしたりするために、書店員が決定的に重要であることに変わりはない。

さらに、今日の顧客は購買経験を顕示する。自分の印象を、それが否定的なものであればなおさ

ら、SNS上で共有する傾向にある。クチコミが目新しいことでないことは確かである。しかし現在では、一人のコメントがリアルタイムで大勢の潜在顧客に読まれるという事実が、状況をきわめてデリケートにしている。否定的なレビューのせいで膨大な数の人々の標的となってしまう脅威と、情報源へのアクセスの簡便さのために、小売業者は絶えず透明性に注力せざるを得なくなっている。さまざまなタッチポイントで伝えている情報の一貫性に格別の注意を払うべきである。現に、オンライン上で読んだことと店舗で体験したこととの不一致を、顧客が発信することは珍しくない。人々がこうした不一致を許容する間口はどんどん狭くなっている。近年、デジタル・プレーヤーの手によって、期待のハードルが高められたといえる。

リテール4・0のカギとなるもう一つのテーマが「誠実であれ」で掘り下げられていた。それは、顧客ロイヤルティを獲得・維持するための戦略である。数年前まで機能していた戦略が、現在ではほとんど効果を失っている。今日、ロイヤルティは継続的な顧客満足に由来しており、顧客満足はサービス品質にも、あらゆる問題を迅速かつ効果的に処理する能力にも結び付いている。ロイヤルティを目的としたとき、大抵はこうした点が、いかなる再購入の誘因よりも強力なカギとなる。

――そのような背景のなか、モンダドーリはどのように対応するのか。

デジタル化によって、読書をする多くの人々の消費行動が根底から変化した。e-bookなどのフォーマットによる書籍は価格がとても低く抑えられており、その利用可能性から、人々はどれを最後まで読むかは後から決めることにして、大量に購入する。残念ながら、私が〝使い捨て〟と呼ぶ消費形態が、過去に比べて蔓延《まんえん》する事態に直面しているのである。そのせいもあって、当然のことながら書店員の果たす役割は新たな段階に入る。少し前まで、人々は書店に入り、有能な人や本好きの人と話すことを期待していた。自身の読書歴を基に、時には些細《ささい》な質問だけからでも、何を買えばいいか助言してくれる人である。だがこれからの課題は、読書をする人に、書店に出向く現実的な理由を与える経験を企画することだと思う。そうすることで、オーディエンスとの交流に価値をもたらすことのできる助言者たるポジションに書店員を引き上げる。「目的地であれ」に、この概念が明確に表されていた。差別化できる価値提案を提供できなければ、店舗は消滅に向かうだろう。デジタル・プラットフォームによるオファリングの幅広さと利便性にはかなわないからだ。

こうした新しい時代背景のなかで、書店が重要な空間として目立つようになるには、共通の関心を共有するために集まる本好きのコミュニティの場となるように変わらなくてはならない。本はオンラインで買えるとしても、書店は読書経験を広めるためのリアル集会所の役割を果たしていける。店舗の機能に関するこの新たな解釈とともに、カテゴリー別の品ぞろえを再構成する必要があり、カテゴリーは選択プロセスを簡素化すべく、具体的なシーンやプロフィールに合わせて考案する。これを人間中心のカテゴリーと呼びたい。新米ママのためのコーナー、おばあちゃんの昔話のコーナー、週末の読書のためのコーナー等々をつくっていく。

当社は、「人間的であれ」に示されていた方向に進んでいる。当社の書店では、毎年約二〇〇〇のイベントを実施しており、当社の顧客であるか否かにかかわらず、読書が好きな人々に出会いと交流の機会を提供しているのだ。

避けて通れないもう一つの改革がオムニチャネル戦略である。現在、次世代型のオムニチャネル・プラットフォームの構築を進めている。これによりデジタル・ネイティブの競合企業と直接衝突せずに、むしろ当社のアセット、すなわちテリトリー内の販売拠点網という特殊性を生かしながら、競争力を回復できるだろう。オンラインでは提供できない高付加価値のサービスと、製品にまつわる他にない経験を提供することで、販売拠点によって読者のカスタマー・ジャーニーを補完することが目標である。プロの作家や初めて執筆に挑んだ芸術家など、ファンがひいきにする著者にモンダドーリ・ストアで出会った場合、そこで購入した本には献辞を書き入れてもらえるので、一冊の本としての機能をはるかに超え、その瞬間の記念品となる。それはまさに、バンドのコンサートのときに買う販促グッズや、旅先でその町を好きになった記念に買うおみやげと同じである。

――今後三～五年で、どのような進化を図っていくのか。

当社の分野に関しては、ここ数年で早々に書籍市場を見限った人は近視眼的であったと判断している。組織再編の必要性は疑いようもないが、息の長い事業では珍しいことではない。今後数年は多くの改革に向けた準備が必要で、特定技術の利用にかかるコストの壁が低下していればなおさらである。本書に提案されていた三つの法則を取り上げたい。キュレーターになること、パーソナライズした提案をデザインすること、勇気をもつこと、これらが小売業者にとって基本的な要件だと考えている。

どういうことか説明しよう。書店は「キュレーターであれ」という法則に適切に従い、製品とサービスのミックスを創造することに投資すべきである。このとき、自社のオファリングの独自性を確認できるように、またクロスセリングがスムーズに誘発されるようにする。デジタルとリアルとの従来通りの区別はつけず、オムニチャネルの観点から行う。小売業者に広く浸透するだろうと考える二番目の原則が、「パーソナルであれ」に書かれていたことである。個々人の要求に応えるオファーを提案するため、予測分析を活用する必要がある。ただし、押しつけがましく感じさせないようにする。

ビジネスの将来に目を向けるとき、勇気がなくては何もできない。最後の法則「勇敢であれ」に、その心構えが適切にまとめられている。現代のように、未来が過去の延長線上にないときには不可欠なことだ。企業が自社の価値提案を議論・刷新できることを示せず、現状の競争力の基準にしがみついているなら、自社のライフサイクルは下降線に向かっていくリスクがある。

ナツッジ

ナツッジ・ディビジョン・チーフ・オフィサー
ナッザリオ・ポッツィ

分野：インテリア
'17年年商：四億五〇〇〇万ユーロ
拠点数：直営・自社所有店舗六三
URL：natuzzi.com

――あなたにとって、リテール4・0とは。

ここ二、三年で、企業は根底からの変化、指数関数的な変化を知ることになった。何よりもまず、私は顧客に到達するための戦略策定手法について考える。かつてその活動は一定の力学に従っており、結果は合理的に予測できた。今日、真の革命が生じ、事業活動のなかで何年もかけて強化してきたマーケティング戦略にさまざまな影響が及んでいる。企業の経営幹部は、現在、ほんの四、五年前とはまったく異なる戦略をとらなくてはならない。すると当然、異なる能力、異なるメンタリティ、場合によっては、異なるマネージメントが求められる。したがって、リテール4・0の概念の重要性を理解するには、まず今日マーケターに求められている高い技術的能力について検討する必要がある。過去を振り返ってみれば、われわれの仕事は客観的に見て今ほど複雑ではなく、相対的に容易にターゲット・オーディエンスの代表性を見いだすことができた。

しかし今日、セグメンテーションはきわめて複雑な活動となっている。われわれは、微細な小集団が多々あるなかで、適切に対処する必要がある。消費者が、流動的で、すばしこく、カテゴライズしづらく、予測できない選択をするからだ。そのうえ、クラスターを決定しても、その後に重大な課題が続く。どのように、どこで、いつ、オーディエンスに到達するかである。タッチポイントの増殖によって、オーディエンスと交流する選択肢が増えている。これほど細分化した複雑な文脈がもたらすリスクは、ブランド・アイデンティティとブランド・イメージの希薄化である。選択肢過多・ユビキタスの商取引・地球規模の競争社会のなかで、競争優位たり得る唯一の点は、まさにユニークな価値提案である。テクノロジー・イノベーションとデジタル・イノベーションによって、〝新しい〟消費者と交流する機会が生まれている。ブランドを守る者の責任は、交流の機会とブランドの独自性保護とのバランスである。

近年、リテールに影響しているもう一つの本質的な変化は、マーケティングが企業の最優先事項に昇格したことだ。他の多くの分野同様、インテリアの分野では、歴史的にクリエイティブ部門の長の選択がブランドの成否を決定してきた。しかしながらデジタル時代においては、マーケティングがそれと等しい重要性を負い、現在はかつてないほどに、ビジネスが繁栄するか滅びるかを決定付けている。問題は、企業の経営幹部が、得てしてデジタルに関する確たる能力を高めてこなかったことである。そしてこの新しい時代背景のなか、企業の経営幹部は事業運営にも、クリエイティブ部門とマーケティング部門の管理者選出にも困難を抱えている。

――そのような背景のなか、ナツッジはどのように対応するのか。

二〇一六年のイプソスによる調査で、当社は家具業界における世界で最も知名度の高いブランドに位置付けられた。これは大きな到達点に違いないが、それで安心するわけにはいかない。当社のようなブランドとしては、カテゴリー区分の境界線を再定義し続ける必要がある。そのために創造的かつ好奇心旺盛なアプローチをとり、技術革新とデジタルに常に気を配りつつ、変化に富んだ自然の美しさからもインスピレーションを得ていく。

当社は、リテール4・0に示されている複雑さと機会の管理に大きな関心を寄せている。そして、当社のデジタルトランスフォーメーションとして、オーダーメイドの手法によるコア・ビジネスへの投資、つまりユーザー経験のパーソナライゼーションに投資を集中しているのである。当社の価値提案の独自性は、デザイン性に加え、生活空間とスタイルに最適な製品を顧客が選択できるところにある。リアル店舗内における経験に関していえば、世界中の全店舗で、高解像度で3D表示するソフトウエアを配備した。これにより店舗の人員は、顧客と共に製品を表示して見ることができる。

さらに、物理的スペースによる限界を超えた幅広い品ぞろえを実現すると同時に、当社のオファリングにおける素材とスタイルの特徴のすべてを、顧客一人一人に経験(視覚的経験と心情的経験)してもらえるようになった。このイノベーションとともに人材育成も進めている。イノベーションが、人員のフィールドを侵すもの、あるいは人員の能力と重複するものとして受け止められるのではなく、技術によって人員が強化されることを目指している。

――今後三~五年で、どのような進化を図っていくのか。

一般的に、世の中の不確実性水準が高いので、継続的なテスト・アンド・ラーンの観点から、実験し続ける勇気と不安定さを管理する能力を育てていく必要がある。

さらに、少し前まで有効だった論理を覆すようなリテール戦略を多く目にするようになると考えている。リテールは、収益を目指した流通モデルとして生まれた。そして、顧客獲得モデルによって、その後は顧客生涯価値の最大化を目指した顧客エンゲージメントのモデルによって、さまざまな分野と市場で順調に発展した。「シームレスであれ」で強調されていたように、次なる一歩はD2C(ダイレクト・ツー・コンシューマー)ビジネスモデルによる商取引への移行である。デジタルとリアルで増殖したタッチポイントに関する戦略で、人々を満足させていこうというモデルだ。タッチポイントの総体において、店舗はいかなる場合もきわめて重要なつなぎ目の役割を果たす。とはいえ、幅広い製品ラインナップを展示できる大規模店舗を所有する重要性は低下していくだろう。

一方で、さまざまな原動力が関連付けられた精巧かつ複合的な要素を通じ、自社の価値提案と消費者との交流が価値を生むような、総合的なビジネスモデルの構築が課題となるはずである。

近い将来、漏斗型《じょうご》の入口においても、重要なリターゲティングの段階においても、顧客に到達する可能性が指数関数的な進化を遂げるだろう。リターゲティングに限定して言えば、「パーソナルであれ」で強調されていたように、いずれ伝統的なスプレー・アンド・プレイ式（メッセージを最大限広めておき、あとは誰かが受け取ってくれるように祈る）のマーケティング戦略を、データに基づくパーソナライゼーションによる、メッセージの重要性の最大化をベースとしたマーケティング戦略へと変化させることができるようになる。

現時点では皆、未来の店舗がどのようなものになるかはわからない。しかし、ブランド・製品との交流のあらゆる瞬間に、来店客を感動させる能力が店舗の中核になることはわかっている。店舗での滞在中に、無用で非効率で過剰な経験、すなわち没個性的で一般的な経験に費やされていい瞬間は一切ない。消費者一人一人がそれぞれ個性をもつ個人として認識されたうえで、あらゆる瞬間に消費者の期待を上回ってこそ、リテールのプラットフォーム全体が存在意義を有するのである。

サフィログループ

CEO
アンジェロ・トロッキア

分野：アイウエア
'17年年商：一〇億ユーロ
拠点数：一〇〇、〇〇〇
URL：safilogroup.com

――あなたにとって、リテール4・0とは。

近年の主要な変化の一つは、関心の対象が製造の段階から販売の段階へと移行したことだと考えている。数年前まで大企業は、品質の高い製品の実現にエネルギーの大半を注ぎ、あとは流通させて販売促進をすればよかった。だが今日、製品品質と見つけやすさは前提条件となっており、これに電子取引の躍進と、納品サービスおよびアフターサービスの進歩が加わっている。真の差別化を図れるのは、製品を市場に提案する方法である。この観点から、マーケティング戦略も、企業・ブランドと顧客とのリレーションシップにおけるパーソナライゼーションの増大に向けて進化が求められた。

とくに重要なもう一つの要素が、顧客経験における期待の高まりである。カスタマー・ジャーニーが、少し前までは考えられなかったような進化を遂げており、ブランドはそれに対応しなければならない。たとえば当社の分野では、矛盾した言動とも言えるほどの購買行動に対処しなくてはならない。人々は、自分が個性的であると感じたがっているのに、流行の眼鏡をかけるのである。そこには、本質的には両立しない二つの要求がある。

つまり、製品がクールになるためには、ある程度普及していなければならないので、一定の標準化が必要である。企業にとってプレッシャーとなるこの事実に挑むには、カスタマー・ジャーニーを慎重に分析するほかない。分析を進める際には、継続的なものから新たに注目されるようになったものまで、さまざまな文化の動向に注意を払わなければならない。わずかな文化的トレンドを軽視すると、製品は標準的なものにとどまり、代わり映えせず、魅力に乏しく、自分の文化圏に合っていないものと受け止められ、顧客に拒否されるリスクがある。国際的なブランドであれば、各地で文化的な意味をもつような製品を創造しなければならず、その意味が地域ごとに力を発揮するのである。

——そのような背景のなか、サフィロはどのように対応するのか。

眼鏡は本質的な進化を遂げた。機能的なものという認識——もしくは医療機器ですらある——から、スタイリッシュでデザイン性のあるアクセサリー、自分の個性を表現できるファッションとなった。また眼鏡は、しばしばラグジュアリーな世界にアクセスする入口であることや、職人技術・

テクノロジー・複雑さ・細部への高水準の配慮といった要素を備えていることも考慮すべきである。一本の眼鏡をつくるのに二〇〇もの製造工程が必要になることがあり、当社の専門職は三〇から一〇〇の異なる部品を組み立てている事実を考えればそれがわかる。今日の消費者は、製品と購買経験の独自性を語るニッチ・ブランドにますます引かれるようになっている。たとえば、オーダーメイドの製品やパーソナライズされた製品を購入する場合など、SNSで共有したくなる購買経験であると、その傾向がより強い。

要求がとても多い市場に効果的に応えるには、〝開かれた〟企業という考え方に向かって動いていくしかない。それは他でもない、「エクスポネンシャルであれ」に明示されていたことである。かつて当社を含む多くの企業は、研究開発、製造と販売、マーケティング戦略と販売戦略の決定に関し、自身を自律型のエコシステムであるととらえていた。だが今日、社内外の多数の楽器による曲を交響曲に編み上げる立場として、さまざまな景気変動要因に応じて、楽器を調律しながら行動する必要がある。これにはメンタリティの著しい変化を伴う。価値連鎖の重要な行程に介入できる企業が市場にあるという考えを受け入れるのは、もちろん簡単なことではない。だから当社では、人材の育成と採用に投資をしている。

投資を進めているもう一つの領域が顧客のプロファイリングであるが、ここでも一種のパラドックスに直面する。人々は自分のプライバシー保護にますます用心深くなっているが、企業には自分たちを理解し、パーソナライズした経験・製品・サービスを提案してほしいと願う。したがって当社では、顧客のプライバシーを十分に尊重しつつ、販売キャンペーンを最適化できるビジネス・インテリジェンス・ツールを強化している。非効率を最小化して勝利思考を最大化するような、〝成果ベースの〟手法を採用し、フィードバックからフィードフォワードへの移行を果たすという狙いがある。

――今後三〜五年で、どのような進化を図っていくのか。

深い意味をもついくつかの進化は、「勇敢であれ」に書かれていた内容に関係している。われわれは、柔軟な組織モデルを受け入れなければならず、進んでいきながらでしか答えの多くは見えてこない。デジタル時代のスピードゆえ、研究開発―試作製作―テスト―発売―生産―流通のサイクルの著しい短縮は避けて通れないだろう。短縮ができて初めて、人々に耳を傾けることができ、人々のプライバシーを侵害することなく、人々の要求をベースにしたオファリングをパーソナライズして、人々の信頼を勝ち取ることができる。

決定的に重要だと思うもう一つの挑戦が「シームレスであれ」にまとめられている。複数の異なる市場で、多様なメディアの影響力の違いを考慮しながら、ブランドと人々の間に多数あるタッチポイントが一貫性をもつように管理しなくてはならない。困難きわまる大事業である。企業は、往々にして、その力学の把握・管理に必要となる専門技能とツールを、すべては持ち合わせていない。そして、それらを外部に見いだしたときでさえ、それらが簡単に既存の要素と融合したり、現状を変える新たなスイッチになったりするとは限らない。だからこそ、シームレスというのが決め手となるチャレンジだと思う。他にも、常に自社の必要性に留意する必要がある。また、段階的であるにせよ、設備と能力の更新を図っていく必要もある。そのすべてをデジタル世界のスピードで行わなければならない。

SEA（ミラノ空港運営会社）

社長
ピエトロ・モディアーノ

分野：輸送およびサービス
'17年年商：七億ユーロ
拠点数：店舗一九五
URL：seamilano.eu/it

――あなたにとって、リテール4・0とは。

当社のリテール・モデルは、その目的に特徴がある。必要なものすべてを出発前に購入する機会を旅行者に提供し、セキュリティ・チェックから搭乗までの間を快適にするということだ。したがって、機能的な製品・サービスを提供しているが、当社ではとくにイタリアのすばらしさと国際的なすばらしさに的を絞ったオファリングを提案している。年間三〇〇〇万人以上（SEAが運営するミラノ・リナーテ空港とミラノ・マルペンサ空港の二空港で）の人に、この優れた製品のミックスを提供するには、空港という特殊な空間において、旅行客の要求に当社の取り組みを適合させるしかない。

当然のことながらリテール4・0では、とりわけリアルの世界とデジタルの世界の融合に、明確な好機を見いだしている。ただし、技術革新は、無理なく調和的に導入でき、しかも人々に明確な利益をもたらすものでなくてはならない。そのため「不可視であれ」の概念を十分に採り入れている。つまり、技術が受け入れられるためには、最終的にまったく見えなくなるまで、技術の総体を隠さなくてはならないということだ。旅慣れた人にとっては〝普通〟の手続きであっても、空港に足を運ぶ人の多くにとっては、あまり馴染みがない。

当社では、後者のセグメントに大きな注意を払う必要があり、障壁を低減し、利便性をテーマにプロセスを工夫しなくてはならない。あらゆる不安の元を最小化しなくてはならない。「シームレスであれ」に適切に述べられているように、人々は長い行列や待ち時間のない、流れるようにスムーズな経験を求めている。そして最大限の明瞭さと透明性を求めている。この点については、当社の分野における典型的な障壁を考慮することが大切である。というのも、商業エリアで改築・改装工事が必要なときであっても、多くの場合、空港を閉鎖するわけにはいかないからだ。重要なのは、サービスの観点からも連続性を妨げるものが一切ないということである。そのためには当然、物流面と組織面における複雑さを避けて通ることはできない。しかし、現在は顧客経験に関する人々の期待がとても高まっているので、顧客に対しそれを実現する義務がある。

――そのような背景のなか、SEAはどのように対応するのか。

とくに旅行者に注意を集中しなくてはならないと考えている。「キュレーターであれ」の原則について、もっと幅広い概念で考察したい。キュレーションの対象が、人々に対するサービスのオファリングであることは当然だが、人々自体でもあると解釈しているからだ。これは当社のメンタリティを補完する部分であると思う。この考え方が戦略的に優れていることの証拠として、他の卓越した空港においても同じ方向に進んでいる。当社のリナーテ空港とマルペンサ空港では、人が長蛇の列をつくっていることを確認するとすぐに当社人員を送り、飛行機に乗り遅れるリスクに対して人々の不安を取り除くサービスを実施している。

もっと全般的なこととして、当社では強く際立つアイデンティティの構築を進めており、とくに国際的な顧客が通るマルペンサ空港で推進している。当社の空港を通る人には、好ましく、満足でき、価値のある経験を思い出としてもち帰ってもらいたい。当然デジタルがカギとなる役割を果たす。マルペンサ空港では、イタリア税関と共に、タックス・リファンドの簡素化システムを開発した。システムを導入するまでは、税関に行き、判を押してもらい、係員のいるカウンターに行かなければ、還付金を受け取れなかった。現在は、簡素化の原則に基づき、手続きの進行が逆向きになった。顧客が空港に到着したときには、全購入データがシステムに保存できているように、すべての小売業者は税務署および税関と接続していなくてはならない。これは、デジタルの優れた利用によって、すべての人に具体的な利益をもたらす好例と思われる。

とても重要なもう一つの点が、ユーザーとのコミュニケーション管理であり、そのためには、適時性と丁寧さと専門性を伴ったソーシャル・メディアの利用は避けられない。だが、当社にとってソーシャルであるとは、それにとどまらない。事業展開している社会的文脈において、重要な存在であることをも意味している。それは他でもない、「人間的であれ」で勧められていたとおりである。たとえば、スカラ座と協力してマルペンサ空港内に一日、舞台スペースを設け、ガエターノ・ドニゼッティのオペラ「愛の妙薬」を上演した。このイベントは国内の複数のテレビ局が中継した。

また、芸術と文化を保護する当社戦略の確たる証拠となる、もう一つの例を紹介したい。ミラン・リナーテ・ナイトランは、通常、飛行機が通っている滑走路をコースとして、夜間に一〇キロを走るというレースである。これらのユニークなイベントは、地域に間接的に強い影響を及ぼすサービスを提供する当社と、市民や各種公共機関との関係強化に貢献するものと考えている。

――今後三~五年で、どのような進化を図っていくのか。

現在、すでに基本になっているブランド・製品・人材育成という三つの要因を巧みに統合することが将来は不可欠になる。私の目標は、技術の恩恵によって、消費者が満足する経験をしながら時を過ごしたくなるような特別な場所を空港内に創出することである。

最後にパーソナライゼーションに関してだが、当社は自然なマーケットプレイスと称することができるだろう。当社は、駐車場を除き、なんら直接的な売り上げをもたない。したがって、当社のスペースで営業している店舗にとって、一種のポータル、すなわちプラットフォームであることを望んでいる。これを実現するため、技術に投資するとともに、当然のことながら有能な人材にも投資していく。デジタルによるサポートを通じて、消費者の需要・性向・行動をとらえ、当社のアーケード内に店舗を構えるブランドが、オファリングとサービスとコミュニケーションをパーソナライズできるようにしていきたいと考えている。

資生堂グループ

EMEA地域チーフ・ビジネス・オフィサー代理
アルベルト・ノエ

分野：化粧品および美容製品
'17年年商：八〇億ユーロ
拠点数：一八、〇〇〇
URL：shiseidogroup.com

――あなたにとって、リテール4・0とは。

当社の分野では、ほんの数年前まで、消費者はブログやコミュニティを通じて認知した製品に大きな関心を示していた。多くの人が、こうしたプラットフォームを化粧品分野におけるコミュニケーションとマーケティングの未来であると考えていた。だが現実には逆だった。ほどなくユーザーは、オンライン上で入手した助言や推奨のとおりに実践してみると、必ずしも有効ではないという事実に直面した。というのも、肌には人それぞれ明確な特徴があり、しかも、それが大気汚染からストレスに至るまで、無数の環境的要因や経済的要因と相互作用する。これには確かなエビデンスがある。そして想定とは逆に、人々の細かいニーズに正確に注意を払って開発した製品・サービスが皆、大きく伸長した。実際に私は、「パーソナルであれ」に記されているとおりの状況に置かれている。カスタマイゼーションは、当社が対処しなくてはならない最低限であって、本当に目指すべきはパーソナライゼーションである。

人々は、ほとんど即時というほど素早い答えを当社に求めている。もはや〝どう使うか〟には興味がなく、〝私にはどうか〟なのだ。そのため、顔認識やビッグデータにまつわる技術が普及しつつある。リテール4・0を実践するためには、適切で、重要で、科学的根拠のある答えを、タイムリーに提供できなくてはならない。だが、当然のことながら、それは決して単純ではない。

――そのような背景のなか、資生堂グループはどのように対応するのか。

「人間的であれ」に表されていた内容を、建設的な方法で伝えることを目的とした興味深い取り組みがある。日本にある当社の研究開発センターを一般公開しているのだ。社内で展開している活動に関する透明性と開放性を示すとともに、ターゲットとするコミュニティで目立つ存在になることを意図している。当社が研究所で妙な〝秘薬〟を開発しているという印象を、人々に抱いてほしくない。だとすれば逆に、開かれた場所を創造することが重要だと判断した。そこで、人々と誠実に交流し、対話しながら、人々の要求に耳を傾け、当社の主要プロジェクトを人々と共有しているのである。

もう一つの変化はeコマースである。eコマースに関する一連の戦略を策定し、いくつかの取り組みを進めている。当社の分野では、ブリック・アンド・モルタル部門の不振（時には赤字も）が拡大するなか、eコマースは二〇一七年に三五パーセント成長した。当社では、販売拠点への投資に注力する一方、インターネットで幅広い製品を販売する主要プラットフォームとのパートナーシップを強化した。要するに、「目的地であれ」に提示されていたことと合致するが、リアル店舗内で人々との価値あるリレーションシップ構築に一層の努力をしながらも、デジタル・チャネルを活用した製品販売の可能性もおろそかにするまいと考えているのである。ただし、自社所有のプラットフォーム開発に対する莫大《ばくだい》な投資は、戦略的に優先事項ではないと判断している。

もう一つ、「誠実であれ」に強調されていた重要な点が、顧客のロイヤルティである。「与えよ、さらば与えられん」が、今日の課題であるという本書の考えに同感である。たとえばイタリアでは、トップ・クライアントと安定的な深いリレーションシップを育むため、毎年ミラノのラ・リナシェンテに六つの個室を備えたスペースを設け、数千人のプロの中から選別された最高の日本人ビューティー・スペシャリストを配置している。独占的な空間で、女性消費者にまたとない経験をしてもらうことが目的だ。ビューティー・スペシャリストによって、ブランド発祥の国である日本独特の手入れや習慣、風習が消費者に伝えられる。

また、オープン・イノベーションに関する活動も進めている。自社の能力だけを基盤にしていては対応していけないほど、急速に顧客の期待が進化している。そこで、革新的なスタートアップ企業を取得するプロセスに着手した。たとえばマッチコーは、カリフォルニアのスタートアップ企業であり、肌をスキャンして理想的なファンデーションを作る技術を有している。当社のアメリカのブランド、ベアミネラルはアメリカのメイクアップ市場で第六位に位置しているが、マッチコーとの連携で成果を上げている。顧客の視点に立てば、製品とサービス、そして分野の境界線はますます曖昧《あいまい》になっていくと確信している。社内でしばしば話題になる何らかの明確な区分などは、今やわれわれの会話の中にしか存在しておらず、市場には存在しないのである。

だから当社は、顧客の好みに従い、時には好みを先回りして顧客を驚かせようと、美容という境界線から出て予想外のパートナーシップを結んでいる。これを、人々の情熱と当社ブランドをつなぐ橋を架けるという発想で行う。同じ視点の取り組みとして、ドルチェ&ガッバーナビューティー、ザディグ・エ・ヴォルテール・パフューム、ミラノのエクセルシオール・ホテル・ガリアのスパなどがあり、いずれも資生堂の認知と想起の向上が目的である。

――今後三〜五年で、どのような進化を図っていくのか。

複数のタッチポイント間で一貫性のある経験を発信していくことが重要である。今後数年間は、他の多くの企業同様、当社も技術インフラの整備に投資していかなくてはならない。収集データを強化し、パーソナライズしたサービスの提供を可能にする情報へと変換できるようにしていく。さらに、当社の分野においても将来ますます重要な役割を担うようになると思うのが、グーグルホームやアマゾンエコーのような対話型インターフェースである。こうしたアシスタントによって、気象、スモッグ、スケジュールの予定などの要因を考慮したうえで、体のケアに関するパーソナライズされたサービスやアドバイスを、自宅にいる顧客に提供できるかもしれない。当社グループは、人工知能をベースとした技術開発を進めている。人工知能を真のビューティー・アシスタントにすることが課題であり、完全にパーソナライズしたフェイスクリームを作る機器と交信できるようになれば、小売のスペースが重要な役割を取り戻し、〝目的地〟となることができるだろう。

おわりに

デジタル時代の小売業者は、**オムニチャネルを採り入れる必要がある。**そして、**人々のニーズ、ウォンツ、期待を基に、自社の資源とプロセスと価値提案のミックスを再定義しなくてはならない。**

店舗の役割は、慎重なデータ分析、カスタマー・ジャーニーのマッピング、ターゲットとなるペルソナの精緻《せいち》な研究に基づいて再検討される必要がある。そうしなければ、価値提案を（再）定義できないし、さまざまなタッチポイントを人々がシームレスに行き来できる顧客経験を企画できない。つまり、**技術とデジタルに革新的ソリューションを機能させるという役割を与えられない**のだ。

大切なのは、最終ユーザーに課される認知的努力の最小化を目指した変化を加えることだ。革新的ソリューションは人々が簡単に利用できるものでなくてはならない。そして、人々の生活を総合的に補完し、向上させ、煩わしさを解決するものでなくてはならない。

企業は、まず価値提案を充実させる改革の候補をリストアップし、次に確認の段階に入る。このとき、技能的・技術的領域はもとより、経済的領域と社会文化的領域についても確認する。言い換えれば、検討しているソリューションは、技術的に実現可能であるか、財政的に実施可能であるか、人々にとって重要であるか、常に自問する必要がある。代替的な選択肢に満ちあふれ、時間がますます不足した資源となっている今の時代、問いの答えが否だった場合には、その改革は現実的な価値を付加できず、市場に受け入れられないリスクがある。仮にうまくいったとしても、好奇心に支えられる初期段階を過ぎたら早々にお役御免となるだろう。

マーケティングとコミュニケーションの戦略に関しても、小売業者はカスタマー・ジャーニーのマッピングに細心の注意を払う必要がある。**人々の習慣、メディア利用習慣、各タッチポイントが負う役割に関する理解を深めなければ、適切なタイミングで、適切なチャネルを通じ、適切な対応を提供する計画は立てられない。**人々にとって重要な製品・サービスを開発し、それらにふさわしい方法で配備したタッチポイントを活用することで、消費者と新たな関係を結ぶことができる。その関係は、消費者の要求を企業決定の中心に据え、常に対話し続けることで活性化する。

このアプローチが、企業のメンタリティに変化を促す。**数十年間にわたって事業決定の基盤としてきた柱の多くを、デジタルトランスフォーメーションが一気に陳腐化させる**という事実に気付かざるを得ない。したがって、バックオフィスもフロントオフィスも含め、組織全体の確認が必要である。その結果を受けて、これまで強化してきた能力に新たな能力を付け加えるための効果的な手法が求められる。多くの場合、企業にはオープン・イノベーションをテーマとした計画が必要となるだろう。とりわけ、伝統的な事業にも新たな手法と思考を〝受粉させ〟、柔軟かつダイナミック

検討しているソリューションは、

技術的に実現可能であるか、

財政的に実施可能であるか、

人々にとって重要であるか、

常に自問する必要がある。

な環境の創造に貢献するような外部パートナーと、事業刷新プロセスの初期段階から積極的に協力していかなければならない。

このスキームでは、一定の〝不成功〟率を受容することが決定的な重要性をもつ。現にオープン・イノベーションとは、進めながら学ぶというアプローチであり、新たなソリューションを実験していくことを意味する。未開拓の領域に食い込むためには、必然的にコンフォートゾーンを放棄することになる。ターゲット・オーディエンスとの対話から得られるフィードバックとデータ分析結果に基づき、定期的に価値提案について議論していくのである。こうした取り組みを通じて、すでに進めているアイデアの多くを棚上げすることになるかもしれないが、今後の施策を磨き上げるときに、一連の経験を生かすことができるだろう。必要となる投資は、さほど大きくない。デジタル技術によって、伝統的な事業改革プロセスにありがちな多大なエネルギーと資源を費やすことなく、プロトタイピングと有効性確認の段階を進めることができる。

成功事例を分析すると、最高の成果を獲得するためには、**企業幹部のしっかりした関与が不可欠であることがわかる。適正な資源の分配、策定したロードマップの実践、経営責任の明確化を保証するためである。しかも、企業幹部が関与することで、ある程度迅速に進める必要が生じ、トランスフォーメーションのプロセスの始動が後押しされる。**

二九五ページの図に示した「ストラテジック・フレームワーク」は、自社の価値提案をデジタル時代に適合させようとするすべての小売業者に役立つツールである。とはいえ、**各社がそれぞれ、デジタルとリアルの要素を賢く統合しながら、新しい時代に関する自分なりの解釈を見いだすべきである**ことを強調しておきたい。デジタルの要素とリアルの要素は、互いに相容れないものではない。なぜなら、今われわれが知っているさまざまな業界の論理はいずれ融合し、デジタルトランスフォーメーションの論理と共に各要素が再定義されることになるからだ。本書で先に述べたように、デジタルがすべてであるが、すべてがデジタルではないのである。

このフレームワークを導入すれば、企業はマッピングの段階ですぐに、〝トランスフォーメーション〟の歩みを開始するのが正しいのか、あるいは逆に、オファリングにおけるいくつかのアナログ面を維持・価値化させる〝進化〟を選択するほうが効果的なのかを決定できるだろう。とくに、**近い将来、どの活動を人工知能（AI）に、どの活動を人間に託すべきかの解釈が、重大なポイントとなる。**この際、人間がますます決定的な資源になることを理解していなくてはならない。

フレームワークの第三段階まで終わったら、ロードマップを定義する。われわれが勧めるのは、オライリーとタッシュマンが考案した言葉、**〝両利きの組織〟**になれるようなロードマップである。両利きの組織とは、既存事業の経営に有能でありながら、同時に代替路線を追求でき、それゆえ将来の需要の変化に対応できる企業である。不確実な状況のなかではリスクに対して嫌悪感が強まるものだが、両利きの企業なら蔓延《まんえん》する嫌悪感に建設的に向き合うことができ、安定性を危うくすることがない。同時に、トラウマをもたずに、将来の変化を受け入れられる。うまくいけば、人々のウォンツとニーズを先取りした需要獲得も目指せるだろう。

このような組織を目的としたときに、従うべき**インサイド・アウト**のモデルがいくつかある。たとえば、従業員が変化を促進すべく行動できる環境として、イノベーション・チームまたは有能な人材センターを設置するという選択肢がある。あるいはイントラプレナー（企業内起業家）・プログラムや社内インキュベーターを設置することもできる。いずれも、従業員に対する企業家精神の活性化と、サードパーティー（第三者機関）の資源を利用するリスクの低減を目的として考案された選択肢である。もちろん、伝統的な**アウトサイド・イン**のモデルも選択できる。その場合は、進化またはトランスフォーメーションの適切な道筋の特定を支援する外部コンサルティング会社との協力が前提となる。

事業に新たな専門性を採り入れ、自社の能力を充実させるためには、人材育成にも投資が必要となる。これは、企業のすべての機能について言える。**事業が伝統的なビジネスであるかどうかは関係ない。**ロボティクスや自動化、仮想現実（VR）と拡張現実（AR）、モノのインターネット化（IoT）、ウエアラブル技術や3D印刷のエキスパート、さらにはデータ・サイエンティスト、人工知能や機械学習専門の開発者、クリエイティブ・テクノロジスト、ユーザー経験とユーザー・インターフェースを担うデザイナー、**こうした人たちと渡り合える部署なくしては、進化もデジタルト**

◉ストラテジック・フレームワーク

01.マッピング

カスタマー・ジャーニーをマッピングする。より代表性の高いペルソナを特定するため、合目的的な調査から得られるデータを、第三者のものも含めて利用可能なデータと統合し利用する。

02. 定義

オファリングを分析し、製品とサービスを特徴あるミックスとする新たな価値提案を定義する。すべてのタッチポイントで、特定したペルソナのニーズとウォンツと期待にかなう卓越した顧客経験をデザインする。

03. 評価

前プロセスで定義した内容の実現に関わるギャップの定性化・定量化を目的に、バックオフィスとフロントオフィスの両方で、組織面に関する入念な評価を実施する。

04. 立案

ロードマップを作成する。短期的・中期的・長期的目標、とるべき行動、各段階における担当役員、評価法、予算を、それぞれ明確に示しておく。

05. テスト

プロトタイピング、テスト、全タッチポイントにおける顧客経験の継続的な測定を可能にする〝アジャイル〟なアプローチを採用する。当然、フィードバックが肯定的なものは維持しつつ、適宜修正を加えられるアプローチとする。

06. 変革

大きな潜在能力が示された改革を順次実践する。継続的改善 の観点から、カスタマー・ジャーニーのモニタリングと、オーディエンスとの対話は継続する。

ランスフォーメーションもあり得ないのである。

企業の分野と特徴によっては、これらの専門職を恒常的に雇用してもいいだろう。ただし当然のことながら、彼らが常に活躍できる仕事をし、責任ある役職に就き、しかも伝統的な機能・業務と調和的に補完し合うように図る必要がある。能力の融合を実現する環境をつくるとは、〝部門横断的〟かつ〝メディア横断的〟組織にするということだ。つまり、**伝統的な組織構造における各部署がより多くの伝達経路をもつ組織となり、**情報がスムーズに流れて、データが相互補完・体系化・共有されるようにしなくてはならない。そうすることでしか、オムニチャネルの基盤はつくれない。オムニチャネル戦略は、デジタル時代の複雑な市場で事業展開するための必須条件となっている。

以上の観点から、たとえばＩＴ部門は他の部署が決定した活動の実践だけに関与すべきではないし、デジタル・チームの活動はマーケティングだけに限定されるべきではない。むしろ状況が許すなら、企業は個々人の能力と責任を尊重しながら俊敏なモデルを導入すべきである。**他家受粉を促進し、タコツボ化した部署の論理を超越する俊敏なモデルであれば、オープンで協力的な環境のもと誰もが事業に貢献できる。**イノベーションとは、**イノベーションを追求するという特別の任務を有する人々だけの特権ではない。創造性としてのイノベーションは、一つの職種に限定されるものではないのだ。**研究開発部門とは何の関係もなかった人が考案した破壊的ソリューションの例は無限に存在する。また、事業に適用されるべき創造性を生むことも価値化することもできない企業文化のせいで、多くの企業が有望な事業機会を逸しているというのも事実である。パラダイム・チェンジが生じている**デジタル時代には、イノベーション部門の長は社長が担当すべきだろう。**

われわれはリテール4・0の考察を充実したものにするため、多くの国際的企業のトップ・マネージャーにインタビューすることができた。そして、マイクロソフトEMEAの世界消費財取締役ニナ・ルンドとも刺激的な議論をした。そのなかで、**今後数年間にリテーラーが注力すべき三つの点**が浮かび上がった。第一は個々の企業に関すること、第二に競争環境に関すること、第三はわれわれ皆が浸《つ》かっている地球規模での広範な文脈に関することである。

❶今後数年間で、企業は全面的なオムニチャネル戦略を実現するための投資が必要になるだろう。「シームレスであれ」と「パーソナルであれ」で、データ分析の重要性に触れた。データ分析によってパーソナライズした顧客経験を構築でき、結果として人々にとっては重要な顧客経験となり、おそらく小売業者にとっては収益性が高まることになる。小売業者に、この分析技術の潜在能力に対する注意を促してくれたのは、eコマースであると言える。今や、新しい技術をリアル店舗に導入すべき時である。店舗でデータを収集し、オンラインから得たデータと合わせて分析することで、付加価値を高めた製品・サービスの提供が可能となる。場合によっては、店舗内の人の流れをモニタリングしたり、スマートフォンを通じて個々の

顧客に到達したりするためのセンサーの設置が必要となるかもしれない。また、いわゆるＩｏＴが役に立つケースもあるだろう。ＩｏＴによって、商品棚がスマート化されたり、あるいは需要に応じて変動する価格を購入者に自動的に適用するダイナミック・プライシングが可能となったりする。企業によっては、より良いサービス提供に有効なツールを配備するため、ウエアラブル技術の可能性を模索するかもしれない。だが、ポイントはここではない。われわれは、技術革新が目的を達成する手段でしかないという立場である。全面的なオムニチャネル戦略の追求には、組織のメンタリティの変化が前提であり、その変化から資源とプロセスと価値の再編が生まれなくてはならない。小売業者の優先事項は、主に二つあると判断している。**カスタマー・ジャーニーにおいてリアル店舗が担う新たな役割の把握と、オムニチャネルを通じての顧客経験の企画である。**

❷小売業者は、自社のＡＰＩ（アプリケーション・プログラミング・インターフェース。ＩＴ用語で、ソフトウエアどうしの相互利用を簡易化する手順と規約）**を創造・共有しなくてはならない。**「シームレスであれ」「エクスポネンシャルであれ」「バウンドレスであれ」のなかで、企業がエコシステムの核となる必要性を強調した。エコシステムは、〝拡張した〟価値提案が創造されるよう、サードパーティーが提供する製品・サービスを含め、店舗の物理的限界を

超えて、シームレスに統合されたものでなくてはならない。ここでAPIを共有するとは、価値提案は上意下達ではなく、ステークホルダーとの共同企画による成果物だと認めることを意味する。ステークホルダーには、事業パートナーから顧客まで、場合によっては競合他社まで含まれる。これにより競争のシナリオは、過去とは様相が大きく異なり、改革プロセスは新たな活力で豊かになる。小売業者にとって、APIをオープンにするとはビジネス・パートナーと協力することだが、行政とのより良い協力関係を図ることでもある。自社のビジネスにポジティブな間接的恩恵があるような、公共の利益に関するサービスを開発するためだ。要するに、APIの創造と共有とは、デジタル時代に繁栄するための条件を整えることであり、これにより、組織をより柔軟にし変化を受け入れやすくなる。一方で、企業のアイデンティティとブランドのDNAを守り、育んでいくための努力の拡大が重要になる。われわれの見るところ、今後数年間でそれがより一層、決定的になるだろう。

❸「人間的であれ」と「誠実であれ」のなかで、企業が強まる透明性の要求を満たす必要性について考察した。消費者の力が拡大し、企業は何を優先すべきかを彼らが指示するようになっている。数年前、レゴが要職に就く女性をモデルとした製品を増やすと決定し、大きな反響を呼んだ。きっかけは七歳の女の子からの手紙で、手紙はインターネット上で拡散していた。

女の子は、レゴの女性キャラクターが主婦、ショッピングをする人、ビーチでくつろぐ人ばかりであることを嘆いていたのである。**消費者は、自分が行使できる力を理解した。当面の間は、企業が利益追求よりも社会と環境に対する配慮を優先させることを要求するだろう。**人々は、持続可能な行動の必要性をますます意識するようになり、自分が買うものにより用心深くなっている。そして、自分たちの信頼を裏切るブランドをボイコットする用意ができている。常につながっている世の中で、それは莫大な経済的損失に発展し得るリスクであり、今後の見通しの大きな変更を余儀なくさせられる。**シェアホルダー（株主）の利益は、ステークホルダー（利害関係者）の要求によって脅かされる**からだ。社会と環境に与える悪影響を埋め合わせるだけでは十分ではなく、企業の社会的責任は、持続可能な行動とともに、社会的・環境的に重要なテーマに対する態度と強固に結び付いているのである。もはや企業は、ニーズとウォンツを満足させるだけでは十分ではなく、自社の事業活動に責任をもつことが求められており、常に大衆の監視にさらされている。大衆はといえば、ますます予備知識を得て、情報を有し、企業の事業活動に影響力を行使できることを誇りに思っているのである。

他のトップ・マネージャーへのインタビューにおいても同様だが、ニナ・ルンドとの議論から明らかになった点がある。未来に目を向けたとき、最も重要な法則はより広義の概念で「勇敢であれ」

ということだ。ある企業にとっては、デジタル時代の消費者の好みに適合するよう価値提案を改めて調整する勇気かもしれないし、別の企業にとっては、価値連鎖の抜本的な見直しをする勇気かもしれない。**大切なのは、現在業績が良好な企業も、ターゲット・オーディエンスとの継続的な対話から得られる情報を解釈しながら、調整や見直しを検討する勇気をもつことである。日和見《ひよりみ》主義的態度や後追いで反応するだけの態度は、デジタル時代の複雑さと狂騒とは相容れないものなのだ。**

われわれの最後の助言は、新規事業の立ち上げ時に必要となるアプローチと進取の気性で、新たな時代に挑戦することである。顧客の不満足は永遠に続くが、それはむしろ当然のことと言える。不満足に対し、付加価値を提供するという目標に集中すべきである。未来のための機会は、技術信仰のないメンタリティで、同時に謙虚にして野心的な態度で、模索しなくてはならない。不安定さを受け入れる勇気、〝可能な〟ことだけではなく〝たぶん可能な〟ことを探す勇気、これまで強化してきた多くの論理とテクニックを〝忘れる〟勇気が求められる。そして、デジタルトランスフォーメーションが導くであろう彼方に向かって、健全な好奇心を育んでいく必要がある。

右で述べた最後の考察を、今後の小売業者のガイドとして一一番目の法則としてまとめるなら、われわれはこう言いたい。「好奇心旺盛であれ」と。

謝辞

調査の段階も執筆作業中も、さまざまな仕事で多くの人がわれわれを支えてくれた。彼らの多大な助力がなければ、本書が日の目を見ることはなかった。ここに、何名かへの感謝を申し述べたい。この謝辞をもって、紙幅の都合で名前を挙げられない人たちにも、広く感謝の気持ちを伝えたい。

ありがとうをマルコ・ラスパーティィに。このプロジェクトを真っ先に信頼し、実現できる環境を整えてくれた。

マッテオ・マネゲッティとアンドレア・パンツェーリに。本書を支える大黒柱として、データ・情報・ケーススタディの調査に多くの時間を割き、プロジェクト全体にわたって貴重な手助けをしてくれた。

ＡＫＱＡのシモン・ジェファーソンとジョン・フレッシュウォーターに。レポート「The Future of Retail」を共有してくれたことで、一〇の法則のうちいくつかのヒントを得た。

そして、マッテオ・バンケッリに。企画・デザインとwww.retailfourpointzero.com のアート・ディレクションをしてくれた。

レオナルド・ブッツァーボ、フェデリコ・カペーチ、ファビオ・カポリッツィには、その見識に。インタビューした経営者の何人かは、彼らのおかげでコンタクトができた。

アンドレア・アミーコ、ウンベルト・バッソ、ジャン＝アンドレア・ビッタンティ、サルバトーレ・ダガーティ、マッテオ・フランキーナ、ジャンルカ・マルッツェッラに。たくさんの助言と継続的なピア・レビューをしてくれた。

ニコレッタ・アンジョーニに。本書が生まれるきっかけとなった最初のインタビューを手配してくれた。そして、ルイジ・バットゥエッロに。リテール分野の多くの経営者に向けて、このプロジェクトを知らしめるべく尽力をしてくれた。

イヴァン・マッツォレーニとキアラ・ロンケッティに。マイクロソフトとのパートナーシップの価値を信じ、その具体化を助けてくれた。

最後に、格別の感謝をジネブラとカルロに。生来の好奇心と並外れたエネルギーで、本書の執筆という大きなチャレンジに向かわせてくれた。

解説

本書『コトラーのリテール4・0　デジタルトランスフォーメーション時代の10の法則』は、世界的に有名なマーケティング研究者であるノースウエスタン大学のフィリップ・コトラー教授と世界最大のマーケティング広告代理店グループであるWPPの要職を務めるジュゼッペ・スティリアーノ氏による最新の著作である。

本書を手にする方の多くは、既に『マーケティング3・0』と『マーケティング4・0』についてご存じだろう。右記二冊の本では、特に業種やビジネスを特定することなく、3・0や4・0といった数字のアイコンを加えることで、マーケティング全体の革新について訴えた。これに対して、本書『コトラーのリテール4・0』では、タイトルからもわかるように、マーケティングの中でも特に「リテール」という側面を切り出して、デジタルトランスフォーメーションという大きな潮流と結びつけて論じている。

＊＊＊

「リテール」と聞いて皆さんは何を思い浮かべるだろうか。多くの方は、「小売」もしくは「小売業」

ではないだろうか。私も本書の監修の声をかけられたとき、小売業に関する書籍だろうと思った。実際に読み進めていくと、もちろん当初考えた通り、小売業と強く関連していることは理解したが、もっと広くH to H、つまり人対人における様々な売買の局面を対象としていることに気付いた。この点は、「リテールは、あらゆる企業努力が具現化する段階であり、おそらくは顧客／消費者のニーズとウォンツが満たされる段階である。重要なのは、売買の発生を確認できるのが、もはやリアル店舗内だけではないということだ」という筆者の言葉に集約されている。

リテール4・0では、リテールの守備範囲を単に広く捉えなければならないという解釈もできる。しかし、今日のデジタル化が進む社会では、製造業と小売業といった伝統的な切り分けが意味を持たなくなっており、デジタル・プラットフォームでの売買の発生が増えるとともに、リアル店舗の機能が大きく変化しているという事実を理解しなければならなくなっている。こうした中、今日のビジネス環境における新しいリテールとして4・0が位置付けられている。

＊＊＊

本書は三つの章で構成されている。第一章「デジタル時代」では、デジタル革命が人々の生活をどのように変え、顧客経験の在り方とカスタマー・ジャーニーをどのように変化させているかについて論じている。本章によって、リテール4・0を生み出したデジタル時代とは何か、どのような特徴を備えているのか、などについての理解を深めることができる。

第二章「リテール4・0における10の法則」では、「不可視であれ」「シームレスであれ」「目的地であれ」「誠実であれ」「パーソナルであれ」「キュレーターであれ」「人間的であれ」「バウンドレスであれ」「エクスポネンシャルであれ」、そして「勇敢であれ」といった、デジタル時代のリテールに取り組む上で、経営者に求められる法則が列挙されている。タイトルでは法則となっているが、内容的には経営者が肝に銘じておくべき指針と捉えた方がよいだろう。デジタルトランスフォーメーションに乗り遅れたくないと考える経営者にとって、10の法則は極めて貴重な指針となるはずである。

第三章「経営者の視点」では、二三名の経営者に「あなたにとって、リテール4・0とは」「そのような背景のなか、貴社ではどのように対応するのか」「今後三～五年で、どのような進化を図っていくのか」といった共通の質問を投げかけ、彼らのコメントをそれぞれの節として整理している。読み進めていくとわかるが、前半部分で筆者が主張している「リテール4・0における10の法則」がたびたび引き合いに出されている。登場する経営者には、まず10の法則を理解してもらった上で、ヒアリングを実施したことがわかる。

二三名の経営者が属する業界には、「カルフール」や「マークス・アンド・スペンサー」といった伝統的な小売の他に、「資生堂グループ」や「ブリヂストン」などの製造、「ディズニーランド・パリ」のレジャー、「HSBC」の金融サービス、「モンダドーリ・リテール」の出版、「SEA（ミラノ空港運営会社）」の輸送などが含まれている。リテール4・0の守備範囲が広く、伝統的な業界の枠を超えていることがわかる。

＊＊＊

マーケティング研究の進化の歴史を振り返ってみると、その時代に応じて、マーケティングの四つのpにおけるウエイトが推移していることに気付く。コトラー教授が一九六七年に『マーケティング・マネジメント』を発表し、近代マーケティングが整理された六〇年代、経済学の理論や枠組みを援用した価格（price）に関する議論が盛んに展開されていた。

その後、七〇年代になると、スーパーマーケットやコンビニエンスストアなどの新しい業態の台頭とともに、テレビを中心としたマス広告が支配的になり、広告プロモーションの課題が脚光を浴びるようになる。さらに八〇年代から九〇年代になると、ブランド論を中心とした製品（product）に関する課題が重要性を増す。ブランドの資産的な価値が認められるようになり、他方では製品のコモディティ化による企業側の危機感も高まっていった。

二〇〇〇年代以降、インターネットの普及により、広告プロモーションの在り方が根本的に見直されるようになる。そして、過去の広告プロモーションのテキストは、全面的な見直しが求められた。本書のキーワードにもなっているデジタル革命が本格化する二〇一〇年以降、eコマースの浸透とともにリアル店舗の見直しが進み、本書の主題であるリテール（place）という視点での議論が進められるようになる。

社会環境の変化に応じて、マーケティング課題は変化する。そして、何らかのマーケティング課題が注目されると、当該課題の分野は、実務面においても研究面においても大きくブレークスルーする。先に述べた四つのpにおけるウエイトの推移は、すべてを説明しているわけではないし、シンプルな説明を優先したため一〇年刻みになっている。現実のウエイトの推移はもっと複雑で、もちろん重複も存在している。重要なのは、現在はデジタル革命のまっただ中にあり、リテールという課題が注目を集めているという事実であり、本書はそのリテールに光を当てているという点である。

＊＊＊

監修作業に当たっては、原著がイタリア語であるということもあり、訳者である高沢亜砂代氏と編集を担当してくれた朝日新聞出版書籍編集部の海田文氏には、大変な労力をおかけした。私はイタリア語を理解できないため、海田氏には私と訳者の間に入ってもらい、何度も何度もやり取りを重ねてもらった。単語の確認から表現の微妙な修正に至るまで、辛抱強く対応してくれたお二人には、心よりお礼を申し上げたい。

最後となったが、早稲田大学大学院商学研究科博士後期課程に在籍する須田孝徳氏と同修士課程に在籍する速水建吾氏には、貴重な時間を割き、私が赤字を入れた原稿を丹念に読んでもらった。厳しい読者としての彼らの指摘は、本書の随所で生かされている。

二〇二〇年三月

早稲田大学商学学術院教授

恩藏直人

difficile-tra-startup-e-aziende-8-buoni-esempi/).

McDelivery(https://www.mcdonalds.it/mcdelivery　※日本向けhttps://mcdelivery.mcdonalds.com/jp/).

Milkman si ispira Google e incassa un milione di euro, “Il Sole 24 Ore”, 27 September 2016(https://www.ilsole24ore.com/art/notizie/2016-09-27/-milkman-si-ispira-google-e-incassa-milione-euro--111439.shtml?uuid=ADKcyCRB).

The Future of Retail 2016: Designing the New Shopper Experience, vol. VI, PSFK, 2016.

Spinelli A., *Perché Nestlé punta 77 milioni su una startup del cibo a domicilio*, EconomyUp, 2017 (https://www.economyup.it/food/perche-nestle-punta-77-milioni-su-una-startup-del-cibo-a-domicilio/).

Zetsche D., *Daimler & BMW: A New Partnership Starts, Rivalry Stays*, Blog.Daimler, 2018.

10｜勇敢であれ

Armoudom P., Apostolatos K., Warschun M., *Swimming with the Piranhas and Reinventing the Mass Consumer Model*, AT Kearney, 2017 (https://www.atkearney.com/consumer-goods/article?/a/swimming-with-the-piranhas-and-reinventing-the-mass-consumer-model).

Blank S., *Why the Lean Start-Up Changes Everything*, “Harvard Business Review”, May 2013 (https://hbr.org/2013/05/why-the-lean-start-up-changes-everything).

Bokkerink M., Charlin G., Sajdeh R., Wald D., *How Big Consumer Companies Can Fight Back*, BCG, 2017 (https://www.bcg.com/publications/2017/strategy-products-how-big-consumer-companies-can-fight-back.aspx).

Muckersie E., *3 examples of lean startup in action*, DECIDEDLY, 2016 (https://decidedly.com/3-examples-of-lean-startup/).

Rigby D., Sutherland J., Takeuchi H., *Embracing Agile*, “Harvard Business Review”, May 2016 (https://hbr.org/2016/05/embracing-agile).

Rumbol P., *Meet the New Breed of FMCG Brands*, Campaign, 2018 (https://www.campaignlive.co.uk/article/meet-new-breed-fmcg-brands/1492240).

※2020年3月現在。イタリア語の一部タイトルは英訳。また邦訳がある場合は邦文タイトルを掲載

https://www.edelman.jp/research/earned-brand-2017).

Sciarra F., *Dieselgate Volkswagen: Azioni in caduta libera dopo lo scandalo diesel*, "QUATTRORUOTE", 21 September 2015 (https://www.quattroruote.it/news/industria/2015/09/21/volkswagen_azioni_in_caduta_libera_dopo_lo_scandalo_diesel.html).

The Future of Retail 2016: Designing the New Shopper Experience, vol. VI, PSFK, 2016.

The Second Era of Digital Retail, FutureCasting report by Intel Labs & The Store WPP, 2015.

Total Retail 2017. La partita tra negozio e online in 10 mosse, PwC Italia, 2017 (https://www.pwc.com/it/it/industries/retail-consumer/total-retail-2017.html).

Winning the Digital Game with Human Touch, Accenture Strategy, 2018.

8 | バウンドレスであれ

European Customer Pulse 2017 Survey, JDA/Centiro, 2017.

Lawson A., *John Lewis Opens First Station Store in St Pancras*, EveningStandard, 2014 (https://www.standard.co.uk/business/business-news/john-lewis-opens-first-station-store-in-st-pancras-9794062.html).

Lundqvist H., *Harvey Nichols Click & Try Service*, Four Seasons Recruitment, 2014 (https://www.fsrl.co.uk/blogs/2014-8/harvey-nichols-click-and-try-service-42581513185).

Net Retail 2017: Il ruolo del digitale negli acquisti degli italiani, Human Highway, 2017.

Tesco builds virtual shops for Korean commuters, "The Telegraph", 2011 (https://www.telegraph.co.uk/technology/mobile-phones/8601147/Tesco-builds-virtual-shops-for-Korean-commuters.html).

The Future of Retail 2016: Designing the New Shopper Experience, vol. VI, PSFK, 2016.

Wallace T., *The 19 Ecommerce Trends + 147 Online Shopping Stats Fueling Sales Growth in 2018*, BigCommerce, 2018.

Winning Omnichannel: A Global View on Changing Trade Dynamics, Kantar Worldpanel, 2017.

Yao R., *Updates On Boundless Retail: From Omni-Channel To Customer-Centric*, IPG Media Lab, 2017 (https://www.ipglab.com/2017/06/28/updates-on-boundless-retail-from-omni-channel-to-customer-centric/).

9 | エクスポネンシャルであれ

Che cos'è l'open innovation (e perché tutti dicono di volerla fare), EconomyUp, 2018 (https://www.economyup.it/innovazione/che-cos-e-l-open-innovation-e-perche-tutti-dicono-di-volerla-fare/).

D'Adda A., *Open Innovation, in Italia (finora) funziona così*, "Il Sole 24 Ore", 29 May 2017 (https://www.ilsole24ore.com/art/management/2017-05-29/open-innovation-italia-finora-funziona-cosi--104707.shtml?uuid=AETZlsUB).

Harnessing the Power of Entrepreneurs to Open Innovation, Accenture and G20 Young Entrepreneurs, Alliance, 2015.

『シンギュラリティ大学が教える飛躍する方法』サリム・イスマイル、マイケル・マローン、ユーリ・ファン・ギースト著、小林啓倫訳、日経BP社、2015年

『コトラーのマーケティング4.0　スマートフォン時代の究極法則』

L'open innovation? Vale una crescita del Pil dell'1.9%, EconomyUp, 2015 (https://www.economyup.it/innovazione/l-open-innovation-vale-una-crescita-del-pil-dell-19/).

Maci L., *Open innovation, la relazione (ancora difficile) tra startup e aziende: 8 buoni esempi*, EconomyUp, 2017 (https://www.economyup.it/startup/open-innovation-la-relazione-ancora-

Digital Disconnect: come cambia il coinvolgimento dei clienti, Accenture Strategy, 2016.

How Nike Uses Customization to Build Long-Term Revenue, The Motley Fool, 2016 (https://www.fool.com/investing/2016/10/10/how-nike-uses-customization-to-build-long-term-rev.aspx).

Milnes H., *Farfetch's "Store of the Future" Takes its Customer Data to Physical Retail,* Digiday UK, 2017 (https://digiday.com/marketing/farfetchs-store-future-takes-customer-data-physical-retail/).

Nike's New Concept Store Feeds Its Neighbors' Hypebeast and Dad-shoe Dreams, Fast Company, 2018 (https://www.fastcompany.com/90201272/nikes-new-concept-store-feeds-its-neighbors-hypebeast-and-dad-shoe-dreams).

Personalization Pulse Check. Why Brands Must Move from Communication to Conversation for Greater Personalization, Accenture Interactive, 2016.

Rethinking Retail Study. Insights from Consumers and Retailers into an Omni-channel Shopping Experience, Infosys, 2015.

The Future of Retail 2016: Designing the New Shopper Experience, vol. VI, PSFK, 2016.

The Second Era of Digital Retail, FutureCasting report by Intel Labs & The Store WPP, 2015.

Thomsen D., *Why Human-Centered Design Matters,* WANDERFUL MEDIA x WIRED (https://www.wired.com/insights/2013/12/human-centered-design-matters/).

Total Retail 2017. La partita tra negozio e online in 10 mosse, PwC Italia, 2017 (https://www.pwc.com/it/it/industries/retail-consumer/total-retail-2017.html).

6 | キュレーターであれ

An Inside Look at the Timberland TreeLab at the King of Prussia Mall, Timberland blog (https://www.timberland.com/blog/behind-the-design/timberland-tree-lab.html).

Bullfrog. Our Story (https://www.bullfrogbarbershop.com/en-gb/index/Our-Story.html).

Danziger P.N., *Story-Based Retail And The Evolving Role Of Merchandiser,* "Forbes", 18 December 2017 (https://www.forbes.com/sites/pamdanziger/2017/12/18/story-based-retail-and-the-evolving-role-of-merchandiser/#4d628a5026c2).

『コトラーのマーケティング4.0　スマートフォン時代の究極法則』

Lindsay M., *Today's Niche Marketing is all about narrow, not small,* AdAge, 2007 (https://adage.com/article/cmo-strategy/today-s-niche-marketing-narrow-small/117005).

Markides, C., *All the Right Moves: A Guide to Crafting Breakthrough Strategy,* Harvard Business School Press, Cambridge (MS) 2000.

The Future of Retail 2016: Designing the New Shopper Experience, vol. VI, PSFK, 2016.

The Second Era of Digital Retail, FutureCasting report by Intel Labs & The Store WPP, 2015.

7 | 人間的であれ

Apple Retail(https://www.apple.com/it/retail/　※日本向けhttps://www.apple.com/jp/today/).

Danone Rethinks the Idea of the Firm, "The Economist", 9 August 2018 (https://www.economist.com/business/2018/08/09/danone-rethinks-the-idea-of-the-firm).

『コトラーのマーケティング4.0　スマートフォン時代の究極法則』

Landrum S., *Millennials Driving Brands to Practice Socially Responsible Marketing,* "Forbes", 17 March 2017 (https://www.forbes.com/sites/sarahlandrum/2017/03/17/millennials-driving-brands-to-practice-socially-responsible-marketing/#5b36d8644990).

More than Half of Consumers Now Buy on their Beliefs, Edelman, 2017 (https://www.edelman.com/news-awards/consumers-now-buy-on-beliefs-2017-earned-brand　※日本向け

2017.

Muzio A., *Il negozio fisico? È saldamente al centro dello shopping multicanale*, InStoreMag, 2017 (https://www.instoremag.it/distribuzione/il-negozio-fisico-e-al-centro-dello-shopping-multicanale/20171026.95512).

Pinsker J., *The Future of Retail Is Stores That Aren't Stores*, The Atlantic, 2017 (https://www.theatlantic.com/business/archive/2017/09/future-retail-experiences-juice-bars/539751/).

The Future of Retail 2018: A Unified Channel Strategy To Drive Brick & Data Retail, PSFK, 2017.

Total Retail 2017. La partita tra negozio e online in 10 mosse, PwC Italia, 2017 (https://www.pwc.com/it/it/industries/retail-consumer/total-retail-2017.html).

Verizon Destination Store. Retail-reimagined, AKQA, 2014 (https://www.akqa.com/work/verizon/verizon-destination-store/).

Volkswagen Group Forum. Drive (http://drive-volkswagen-group.com/en/about-drive/).

Volvo Studio Milano (https://www.volvocars.com/it/mondo-volvo/iniziative/studio-milano).

Welch C., *Samsung's New Flagship NYC Building Isn't a Retail Store at All*, The Verge, 2016 (https://www.theverge.com/2016/2/23/11099014/samsung-837-nyc-walkthrough).

Zanotti L., *Shopping experience: una ricerca Eurisko spiega cosa pensano i consumatori della GDO*, MCube, 2017.

4 | 誠実であれ

BEA - Brand Experience Assessment: Tracking the Business Impact of Customer Centricity, AKQA Italy, SDA Bocconi, 2017.

C*onsumer Currents: Issues Driving Consumer Organizations*, KPMG International, 2017.

Consumer Expectations Soar: What Does It Mean for Retailers?, IBM, 2016 (https://www.ibm.com/downloads/cas/RKRMPJ1W).

Giller M., *How Whole Foods Launched a Tasting Program to Boost Its Private Label Products*, "FORTUNE", May 2016 (http://fortune.com/2016/05/25/whole-foods-tasting-program/).

Kocheilas A., *The Ways Customers Use Products Have Changed, but Brands Haven't Kept Up*, "Harvard Business Review", May 2018 (https://hbr.org/2018/05/the-ways-customers-use-products-have-changed-but-brands-havent-kept-up).

『コトラーのマーケティング4.0　スマートフォン時代の究極法則』

Local Producer Loan Program FAQ, Whole Foods Market (http://www.wholefoodsmarket.com/mission-values/caring-communities/lplp-faq).

Soper S., *More Than 50% of Shoppers Turn First to Amazon in Product Search*, Bloomberg, 2016 (https://www.bloomberg.com/news/articles/2016-09-27/more-than-50-of-shoppers-turn-first-to-amazon-in-product-search).

The Future of Retail 2016: Designing the New Shopper Experience, vol. VI, PSFK, 2016.

The Second Era of Digital Retail, FutureCasting report by Intel Labs & The Store WPP, 2015.

The State of the Customer Journey 2017 Report, Kitewheel, 2017.

5 | パーソナルであれ

Allen R., *Top 4 Retail Personalisation Trends for 2017*, SmartInsights, 2016 (https://www.smartinsights.com/ecommerce/web-personalisation/top-4-retail-personalisation-trends-2016/).

Chhabra S., *Netflix Says 80 Percent of Watched Content Is Based on Algorithmic Recommendations*, Mobilesyrup, 2017 (https://mobilesyrup.com/2017/08/22/80-percent-netflix-shows-discovered-recommendation/).

store-may-not-be-the-future-of-retail).

Il retail in Italia, quanto è innovativo?, Cofidis Retail, 2017.

The Second Era of Digital Retail, FutureCasting report by Intel Labs & The Store WPP, 2015.

Total Retail 2017. La partita tra negozio e online in 10 mosse, PwC Italia, 2017 (https://www.pwc.com/it/it/industries/retail-consumer/total-retail-2017.html).

Smith J., *Mobile eCommerce Stats in 2018 and the Future Trends of Commerce*, OuterBox, 2018.

What is Frictionless Shopping and How Will It Impact Your Retail Business?, SwiftLocalSolutions, 2017 (http://www.swiftlocalsolutions.com/blog/what-is-frictionless-shopping-and-how-will-it-impact-your-retail-business).

Wingfield N., *Inside Amazon Go, a Store of the Future*, "The New York Times", 21 January 2018 (https://www.nytimes.com/2018/01/21/technology/inside-amazon-go-a-store-of-the-future.html).

2 | シームレスであれ

Bar S., *Zara Unveils New Click-and-Collect Store*, "The Independent", 2018 (https://www.independent.co.uk/life-style/fashion/zara-click-and-collect-store-westfield-stratford-london-temporary-pop-up-flagship-a8180956.html).

Caprodossi A., *Il Made in Italy che funziona: il caso Lanieri*, Wired, 2018 (https://www.wired.it/lifestyle/design/2018/01/02/il-made-in-italy-che-funziona-il-caso-lanieri/).

Clarence-Smith T., *Amazon vs. Walmart: Bezos Goes for the Jugular with Whole Foods Acquisition*, Toptal, 2018 (https://www.toptal.com/finance/mergers-and-acquisitions/amazon-vs-walmart-acquisition-strategy).

Future Trends Report, ATMIA, 2012.

Google Consumer Surveys, Google, 2015.

Muzio A., *Il negozio fisico? È saldamente al centro dello shopping multicanale*, InStoreMag, 2017 (https://www.instoremag.it/distribuzione/il-negozio-fisico-e-al-centro-dello-shopping-multicanale/20171026.95512).

『コトラーのマーケティング4.0　スマートフォン時代の究極法則』

Milnes, H., *Why Sephora Merged Its Digital and Physical Retail Teams Into One Department*, Glossy, 2018 (https://www.glossy.co/new-face-of-beauty/why-sephora-merged-its-digital-and-physical-retail-teams-into-one-department).

Netcomm Forum: nel 2017 l'e-commerce italiano cresce del 16% e vale 23,1 miliardi di euro, ADCgroup, 2017 (http://www.adcgroup.it/adv-express/big-data/scenari/netcomm-forum-e-commerce-italiano.html?ts=201705111214).

Solis B., *X: The Experience When Business Meets Design*, Wiley, Hoboken (NJ) 2015.

The Future of Retail 2016: Designing the New Shopper Experience, vol. VI, PSFK, 2016.

The Second Era of Digital Retail, FutureCasting report by Intel Labs & The Store WPP, 2015.

Total Retail 2017. La partita tra negozio e online in 10 mosse, PwC Italia, 2017 (https://www.pwc.com/it/it/industries/retail-consumer/total-retail-2017.html).

Vizard S., *BMW Lets Consumers Buy a Car with Their Smartphone*, Marketing Week, 2015 (https://www.marketingweek.com/2015/12/08/bmw-lets-consumers-buy-a-car-with-their-smartphone/).

3 | 目的地であれ

I 10 Principali Trend del Retail per il 2017, Futureberry & Trendhunters for ActionGiromari,

参考文献

はじめに

Codeluppi V., *Lo spettacolo della merce. Dai passages a Disney World*, Bompiani, Milano 2000.

Desai P., Potia A., Salsberg B., *Retail 4.0. The Future of Retail Grocery in a Digital World*, McKinsey & Company Asia Consumer and Retail Practice, 2017.

IDC FutureScape: Worldwide IT Industry 2018 Predictions, IDC, 2017.

第1章◉デジタル時代

Aashish P., *What Is Microtargeting?*, Feedough, 2018 (https://www.feedough.com/what-is-microtargeting/).

Agan T., *Silent Marketing: Micro-targeting: a Penn, Schoen and Berland Associates White Paper*, WPP.

Campos R., *Despite Amazon, Brick Stores Are Not Dead Yet*, Reuters, 18 November 2017 (https://www.reuters.com/article/us-usa-stocks-weekahead/despite-amazon-brick-stores-are-not-dead-yet-idUSKBN1DH2R4).

DalleMule L., Davenport T.H., *What's Your Data Strategy?*, "Harvard Business Review", May 2017 (https://hbr.org/2017/05/whats-your-data-strategy).

Goodwin T., *Digital Darwinism: Survival of the Fittest in the Age of Business Disruption*, Kogan Page, London 2018.

Grauer Y., *Chi sono i "data broker" e perché vogliono informazioni su di noi?*, Motherboard, Vice Italia, 2018 (https://www.vice.com/it/article/bjpx3w/chi-sono-i-data-broker-siti-raccolgono-e-vendono-informazioni-personali).

『コトラーのマーケティング4.0　スマートフォン時代の究極法則』フィリップ・コトラー、ヘルマワン・カルタジャヤ、イワン・セティアワン著、恩藏直人監訳、藤井清美訳、朝日新聞出版、2017年

Solis B., *Leading Trends in Retail Innovation*, Research Report, Altimeter, 2018.

Total Retail 2017. La partita tra negozio e online in 10 mosse, PwC Italia, 2017 (https://www.pwc.com/it/it/industries/retail-consumer/total-retail-2017.html　※日本向けhttps://www.pwc.com/jp/ja/knowledge/thoughtleadership/total-retail-2017.html).

Solon O., *Facebook says Cambridge Analytica may have gained 37m more users' data*, "The Guardian", 4 April 2018 (https://www.theguardian.com/technology/2018/apr/04/facebook-cambridge-analytica-user-data-latest-more-than-thought).

Desjardins J., *This is What Happens In an Internet Minute In 2018*, WORLD ECONOMIC FORUM (https://www.weforum.org/agenda/2018/05/what-happens-in-an-internet-minute-in-2018).

第2章◉リテール4.0における10の法則

1｜不可視であれ

Connected Life. Local Reports, Kantar TNS, 2018.

Decathlon, Leading Sporting Goods Retailer Uses RFID to Identify Millions of Items Worldwide, Tageos, 2016 (https://www.tageos.com/case-studies/decathlon/).

Harrison N., Faigen G., Brewer D., *Why Amazon's Grocery Store May Not Be the Future of Retail*, "Harvard Business Review", 2018 (https://hbr.org/2018/02/why-amazons-grocery-

ま行

や行

ら行

さ行

た行

な行

は行

◉———索引

◉著者紹介

フィリップ・コトラー（Philip Kotler）

現代マーケティングの第一人者。ノースウエスタン大学ケロッグ経営大学院インターナショナル・マーケティング教授。60冊以上の著書と100を超える論文がある。なかでも『Marketing Management』は、世界中の主要な大学およびビジネス・スクールで手引き書として採用され、現在、第15版まで版を重ねている（日本では12版まで翻訳）。フィナンシャル・タイムズ紙の調査による、最も影響力のあるビジネス書著者＆マネジメント・グルのランキングで第4位となっている。

ジュゼッペ・スティリアーノ（Giuseppe Stigliano）

イタリアの複数の大学とビジネス・スクールで「リテール・マーケティング・イノベーション」について講義する傍ら、世界最大のマーケティング広告代理店グループ、WPPの要職も務める。キャリアを重ねるなかで起業、国内外の企業向けにコンサルティング活動を展開。学術論文を多数執筆、ビジネスイノベーションとデジタルトランスフォーメーションをテーマに定期的に講演活動を行っている。

恩藏直人（おんぞう・なおと）

早稲田大学商学学術院教授。博士（商学）。1982年早稲田大学商学部卒業後、同大学大学院商学研究科を経て、1996年より教授。専門はマーケティング戦略。著書には『コトラー、アームストロング、恩藏のマーケティング原理』（共著、丸善出版）、『マーケティングに強くなる』（ちくま新書）、監修には『コトラー＆ケラーのマーケティング・マネジメント』（丸善出版）などがある。

高沢亜砂代（たかざわ・あさよ）

都立石神井高校卒業。ペルージャ外国人大学文化学科修了。2001年よりイタリア語通訳翻訳業。訳書に『廃墟遺産 ARCHIFLOP』（アレッサンドロ・ビアモンティ著）、『ポップな経済学』（ルチアーノ・カノーヴァ著）がある。

コトラーのリテール4.0
デジタルトランスフォーメーション時代《じだい》の10の法則《ほうそく》

2020年 4月30日　第1刷発行

著者　フィリップ・コトラー＋ジュゼッペ・スティリアーノ
監修者　恩藏直人
訳者　高沢亜砂代
発行者　三宮博信
発行所　朝日新聞出版
〒104-8011　東京都中央区築地5-3-2
電話　03-5541-8832（編集）
03-5540-7793（販売）
印刷所　大日本印刷株式会社

Published in Japan by Asahi Shimbun Publications Inc.
ISBN 978-4-02-251676-3